약사유리광 칠불본원 공덕경

당나라 삼장법사 의정스님 한역漢譯

원순스님 한역韓譯

약사유리광 칠불본원 공덕경

도서
출판 법공양

부처님 세상을 꽃피워 가는 길

약사여래 부처님이시여!
약사여래 부처님이시여!
약사여래 부처님이시여!

부처님을 부르고 불러
얻고자 하는 것은 무엇입니까?

제 몸의 병이 낫기를
우리 가족이 무탈하게 잘 살기를
세간의 명예를 얻고 부족함 없기를 등등
중생의 끝없는 바람 속에서 부르고 있지는 않습니까?

"남을 위해 기도하십시오."
해인사 백련암 성철 큰스님께서는 늘 말씀하셨습니다.

나만을 위하는 바람을 버리고
모든 중생을 위하는 바람을 일으킬 때
그것이 바로 원력을 세운 것이요
그 마음이 곧 부처님 마음입니다.

이 약사경의 일곱 여래께서도 원력을 세우고
보살행을 닦아 부처님이 되셨습니다.
참으로 상서로우신 '선명칭 길상왕 여래'
달처럼 밝은 지혜로 세월에 자재하신 '보월지엄 광음자재왕 여래'
황금빛 보배 빛으로써 오묘한 행을 성취하신 '금색보광 묘행성취 여래'
근심과 걱정이 없는 수승한 상서로움을 지니신 '무우최승 길상 여래'
우레와 같은 온갖 법을 지니신 '법해 뇌음 여래'
법의 바다에서 수승한 지혜로 노니는 신통을 지니신 '법해승혜 유희신통 여래'
온갖 약효를 잘 알고 치료해주시는 '약사유리광 여래'

이 일곱 부처님의 명호와 원력을 읽고 외우다 보면 그 가피를 받아
어느새 내 마음에도 그분들의 원력이 들어와 있음을 느끼게 될 것입니다.
부처님 명호를 부르는 것은 '그 부처님이 되는 길'이기 때문입니다.

이 마음으로 보살행을 실천한다면
일곱 여래께서 중생을 제도하기 위해 원력을 세우고 실천한 공덕으로
부처님이 되신 것과 다르지 않습니다.

그 부처님의 마음이 나의 마음이 되고
그 부처님의 원력이 나의 원력이 되어 기도를 할 때
내 삶에서 부처님 세상을 꽃피워 나가는 것입니다.

이 경을 날마다 정성껏 읽고 외워
부처님께 받은 가피를 이웃에게 돌려주고자 하는 자비심과 원력으로
공덕이 충만한 삶을 사시기 바랍니다.

2012년 6월 4일
인월행자 두손모음

차례

부처님 세상을 꽃피워 가는 길 _ 4

1장. 법을 청하다   19

일곱 분 부처님의 서원과 공덕
2장. 선명칭 길상왕 여래   27
3장. 보월지엄 광음자재왕 여래   41
4장. 금색보광 묘행성취 여래   59
5장. 무우최승 길상 여래   75
6장. 법해 뇌음 여래   83
7장. 법해승혜 유희신통 여래   93
8장. 약사유리광 여래   99

부처님에 대한 마음가짐
9장. 칠불여래의 명호와 경전, 법사에 대한 마음가짐   129
10장. 칠불여래 부처님께 공양을 올리고 공경하는 법   147
11장. 이 신주와 경전을 그대들에게 부촉하니   191

팔관재계 _ 197
찾아보기 _ 204

藥師殿 禮佛文

我今淸淨水
아 금 청 정 수

變爲甘露茶
변 위 감 로 다

奉獻藥師殿
봉 헌 약 사 전

願垂哀納受
원 수 애 납 수

願垂哀納受　願垂慈悲哀納受
원 수 애 납 수　원 수 자 비 애 납 수

헌향진언

옴 바으라 도비야 훔 (3번)

약사전 예불문

저희들이 이제 올린 맑고 맑은 물 한 그릇

부처님의 가피 입어 감로다로 되었기에

중생 병고 없애 주는 약사여래 부처님께

지극하온 마음으로 정성 다해 올리오니

부처님의 자비로써 애틋하게 받으소서.

부처님의 자비로써 애틋하게 받으소서.

부처님의 자비로써 애틋하게 받으소서.

향기로운 모든 삶을 부처님께 올린 진언

옴 바으라 도비야 훔 (3번)

至心歸命禮
지심귀명례

東方滿月世界　十二上願　藥師琉璃光如來佛
동방만월세계　십이상원　약사유리광여래불

至心歸命禮
지심귀명례

左補處　日光遍照消災菩薩
좌보처　일광변조소재보살

至心歸命禮
지심귀명례

右補處　月光遍照息災菩薩
우보처　월광변조식재보살

十二大願接群機　一片悲心無空缺
십이대원접군기　일편비심무공결

凡夫顚倒病根深　不遇藥師罪難滅
범부전도병근심　불우약사죄난멸

告我一心歸命頂禮
고아일심귀명정례

달빛 가득 동방 세계 자비로운 어버이신
본디부터 열두 서원 **약사유리광 여래불**
지극정성 절을 하며 목숨 다해 받듭니다.

약사여래 모시면서 밝은 지혜 태양 같아
온갖 재앙 소멸하는 **일광 변조소재 보살**
지극정성 절을 하며 목숨 다해 받듭니다.

약사여래 모시면서 품은 자비 달빛 같아
온갖 재앙 소멸하는 **월광 변조식재 보살**
지극정성 절을 하며 목숨 다해 받듭니다.

열두 가지 크나큰 원 온갖 중생 맞이하여
자비로운 마음으로 빠짐없이 보살피나
범부들이 어리석어 병의 뿌리 깊어질 새
약사여래 못 만나면 온갖 죄를 어찌하리.

아뢰오니 **약사유리광 여래불** 이제 제가
지극정성 절을 하며 목숨 다해 받듭니다.

念佛 精勤

東方滿月世界　十二上願　藥師琉璃光如來佛
동방만월세계　십이상원　약사유리광여래불

藥師佛　藥師佛　藥師佛　藥師佛 ……
약사불　약사불　약사불　약사불

十二大願接群機　一片悲心無空缺
십이대원접군기　일편비심무공결

凡夫顛倒病根深　不遇藥師罪難滅
범부전도병근심　불우약사죄난멸

告我一心歸命頂禮
고아일심귀명정례

염불 정근

동방 만월 세계 십이상원 약사유리광 여래불
약사불 약사불 약사불 약사불 ……

열두 가지 크나큰 원 온갖 중생 맞이하여
빠짐없이 보살피는 부처님의 대자대비
중생들이 어리석어 병의 뿌리 깊어질 새
약사여래 못 만나면 온갖 죄를 어찌하리.

아뢰오니 **약사유리광 여래불** 이제 제가
지극정성 절을 하며 목숨 다해 받듭니다.

약사유리광
칠불본원 공덕경

범부들이 어리석어 병의 뿌리 깊어질 새
약사여래 못 만나면 온갖 죄를 어찌 하리

誦經儀式

정구업진언

수리수리 마하수리 수수리 스바하 (3번)

오방내외안위제신진언

나모 사만타 붇다남 옴 도로도로 디비 스바하 (3번)

개경게

無上甚深微妙法　百千萬劫難遭遇
무상심심미묘법　백천만겁난조우

我今聞見得受持　願解如來眞實意
아금문견득수지　원해여래진실의

개법장진언

옴 아라남 아라다 (3번)

송경의식

입으로 지은 죄를 정화하는 진언
수리수리 마하수리 수수리 스바하 (3번)

안팎 주변 모든 신을 편케 하는 진언
나모 사만타 붇다남 옴 도로도로 디비 스바하 (3번)

경전을 펼치는 게송
수승하고 깊고 깊은 오묘하고 미묘한 법
백천만겁 살더라도 만나 뵙기 어려우니
제가 이제 듣고 보고 부처님 법 받아 지녀
부처님의 진실한 뜻 깨닫기를 원합니다.

부처님의 가르침을 드러내는 진언
옴 아라남 아라다 (3번)

如是我聞.
여시아문

一時　薄伽梵[1]　遊化諸國　至廣嚴城　樂音樹下
일시　바가범　유화제국　지광엄성　요음수하

與大比丘衆　八千人俱　菩薩摩訶薩　三萬六千.
여대비구중　팔천인구　보살마하살　삼만육천

---

1. 여기서 '바가범薄伽梵'은 석가모니 부처님을 말한다.

1장. 법을 청하다

저는 이와 같이 들었습니다.

석가모니 부처님께서 중생을 교화하러 이 나라 저 나라 다니시며 비사리국의 광엄성에 있는 '즐거운 노래가 흘러나오는 나무'에 이르렀을 때, 덕이 높은 비구 스님 팔천 명과 큰 보살님 삼만 육천 명이 부처님과 함께 있었습니다.

其名曰 曼殊室利菩薩 觀自在菩薩 慈氏菩薩 善現菩
기명왈 만수실리보살 관자재보살 자씨보살 선현보

薩 大慧菩薩 明慧菩薩 山峰菩薩 辯峰菩薩 持妙高
살 대혜보살 명혜보살 산봉보살 변봉보살 지묘고

峰菩薩 不空超越菩薩 微妙音菩薩 常思惟菩薩 執金
봉보살 불공초월보살 미묘음보살 상사유보살 집금

剛菩薩 如是等 諸大菩薩 而為上首. 及諸國王大臣
강보살 여시등 제대보살 이위상수 급제국왕대신

婆羅門居士 天龍八部[1] 人非人等 無量大衆 恭敬圍
바라문거사 천룡팔부 인비인등 무량대중 공경위

繞 而為說法.
요 이위설법

初中後善 文義巧妙 純一圓滿 清淨鮮白 梵行之相
초중후선 문의교묘 순일원만 청정선백 범행지상

示教利喜 皆令具足 微妙行願 趣大菩提.
시교이희 개령구족 미묘행원 취대보리

---

1. 불법의 수호하는 여덟 분의 신장으로 천·용·야차·건달바·아수라·가루라·긴나라·마후라가
이다. 천과 용을 대표로 내세워 천룡팔부라고 말한 것으로 이들은 언제나 부처님이 설법하는
곳에 나타나 찬탄하고 부처님 법을 수호한다. **가루라**는 용을 잡아먹는 새로 금시조나 묘시조로
번역한다. **건달바**는 제석천을 섬기고 음악을 담당하는 신이다. 심향尋香이나 식향食香이라 번역하
는데 술과 고기는 일체 먹지 않고 향기만 먹고 산다. **긴나라**는 노래를 담당하는 하늘의 신이다.
마후라가는 머리는 뱀 같고 몸은 사람 같은 용의 무리에 딸린 음악의 신을 말한다. **아수라**는
아수라판이란 말이 있듯이 싸우기를 좋아하는 신이다. **야차**는 수미산 중턱의 북쪽을 지키는
비사문천왕毘沙門天王의 권속으로 땅이나 공중에 살면서 여러 신들과 함께 불법을 수호한다.

그분들의 이름은 지혜가 으뜸가는 '문수보살', 모든 중생의 실체를 자유롭게 보는 '관자재보살', 자비로운 마음의 '자씨 보살', 착한 모습의 보살, 큰 지혜 보살, 밝은 지혜 보살, 산봉 우리 보살, 말솜씨가 으뜸 보살, 오묘한 도리가 높은 보살, 온갖 번뇌를 초월한 보살, 미묘한 소리 보살, 늘 정법을 사유 하는 보살, 금강저를 들고 있는 보살이니, 이처럼 큰 보살님 들이 윗자리에 앉아 있었습니다. 또 국왕, 대신, 바라문, 거사, 천룡팔부, 사람, '사람 아닌 중생의 모습을 갖춘 이' 등 한량없 는 대중들이 석가모니 부처님을 공경하며 설법을 듣고자 에 워싸고 있었습니다.

부처님의 설법은 처음도 좋았고 중간도 좋았으며 마지막도 좋았습니다. 그 가르침은 오묘하고 순수하며 맑고 깨끗한 보 살행의 모습으로 모든 이에게 이익과 기쁨을 주니, 모두가 다 미묘하고 오묘한 수행의 원력을 다 갖추어 부처님의 세상 으로 가고자 하였습니다.

爾時　　曼殊室利[1]法王子菩薩摩訶薩　　承佛威神　　從座
이시　　만수실리법왕자보살마하살　　승불위신　　종좌

而起　　偏袒右肩　　右膝著地　　合掌恭敬　　而白佛言
이기　　편단우견　　우슬착지　　합장공경　　이백불언

世尊　　今有無量人天大衆　　為聽法故　　皆已雲集.　　唯佛
세존　　금유무량인천대중　　위청법고　　개이운집.　　유불

世尊　　從初發意　　乃至於今　　所有無量　　塵沙數劫　　諸佛
세존　　종초발의　　내지어금　　소유무량　　진사수겁　　제불

剎土　　無不知見.
찰토　　무불지견

願為我等　　及未來世　　像法衆生　　慈悲演說　　諸佛名號
원위아등　　급미래세　　상법중생　　자비연설　　제불명호

本願功德　　國土莊嚴　　善巧方便　　差別之相　　令諸聞者
본원공덕　　국토장엄　　선교방편　　차별지상　　영제문자

業障消除　　乃至菩提　　得不退轉.
업장소제　　내지보리　　득불퇴전

---

1. 산스크리트어 'Manjusri'에서 유래되었으며 문수사리文殊師利, 만수시리滿殊尸利 또는 만수실리曼殊室利 등으로도 음역된다. '문수文殊'를 뜻으로 풀이하면 '묘수妙首'라고 한다. 문수보살의 지혜는 헤아릴 수 없이 크므로 '묘妙'라 하고, 그 지혜는 모든 지혜 가운데 으뜸이기에 '수首'라고 한 것이다. 이는 문수보살의 지혜가 온갖 행을 만들어가는 바탕으로서 오묘한 작용을 하기 때문이다.

그때 '법의 왕자 문수보살'이 부처님의 위엄과 신통력으로 자리에서 일어나, 존경의 표시로 오른쪽 어깨를 드러내며 오른쪽 무릎을 땅에 대고 두 손 모아 공손히 부처님께 사뢰었습니다.

"세존이시여, 지금 헤아릴 수 없이 많은 사람과 천신이 법을 듣기 위하여 구름처럼 사방에서 모여들었습니다. 오직 세존께서만 처음 발심하신 때부터 지금까지 헤아릴 수 없이 많은 세월, 온갖 부처님의 국토를 보고 알지 못한 것이 없으시니,

바라옵건대 저희와 오는 세상 부처님의 모습과 법의 형상만 아는 중생들을 위하여, 모든 부처님의 명호, 본디 원력의 공덕, 국토를 장엄하는 것, 훌륭하고 다양한 방편들을 자비로운 마음으로 설명하여 주시옵소서. 그리하여 이 법문을 듣는 중생들의 업장이 없어져 깨달음에 이를 때까지 수행에서 물러나는 일이 없게 하여 주시옵소서."

爾時 世尊[1] 讚曼殊室利菩薩言
이시 세존 찬만수실리보살언

善哉善哉　曼殊室利.　汝以大悲　愍念無量　業障有情
선재선재　만수실리　여이대비　민념무량　업장유정

種種疾病　憂悲苦惱　得安樂故　勸請我說　諸佛名號
종종질병　우비고뇌　득안락고　권청아설　제불명호

本願功德　國土莊嚴.　此由如來　威神之力　令發斯問.
본원공덕　국토장엄　차유여래　위신지력　영발사문

汝今諦聽　極善思惟　當爲汝說.
여금체청　극선사유　당위여설

曼殊室利言　惟願爲說　我等樂聞.
만수실리언　유원위설　아등요문

---

1. 지혜가 삼계를 초월하여 따라갈 사람이 없고 덕이 높아 다시 더 비교할 덕이 없어 모든 중생이
다 공경하므로, 세상에서 가장 높이 존경받아야 할 분이라는 뜻으로 '세존'이라 부르는 것이다.

이때 세존께서 문수보살을 칭찬하며 말씀하셨다.

"착하고 착하도다. 문수보살이여!
그대는 크나큰 자비로써 업이 두터운 헤아릴 수 없이 많은
중생의 온갖 질병, 근심과 슬픔에서 오는 애타는 마음을 애틋
하게 생각하고, 그들이 안락한 행복을 얻게 하고자 나에게
모든 부처님의 명호, 본디 원력의 공덕, 국토의 장엄을 말하여
주기를 청하고 있구나. 이는 여래의 위엄과 신통으로 묻게
된 것이니, 그대들은 귀기울여 듣고서 잘 생각하여 보아라.
마땅히 그대들을 위하여 말을 해 줄 것이다."

문수보살이 말하였다.
"바라옵건대 말씀하여 주시옵소서. 저희는 즐겁게 듣겠사옵
니다."

佛告　曼殊室利. 東方去此　過四殑伽　河沙佛土　有世
불고　만수실리　동방거차　과사긍가　하사불토　유세

界　名曰光勝　佛號　善名稱吉祥王如來　應正等覺　明
계　명왈광승　불호　선명칭길상왕여래　응정등각　명

行圓滿　善逝　世間解　無上丈夫　調御士　天人師　佛世
행원만　선서　세간해　무상장부　조어사　천인사　불세

尊[1]. 有無量億衆　不退菩薩之所圍繞　安住七寶　勝
존　유무량억중　불퇴보살지소위요　안주칠보　승

妙莊嚴　師子之座　現在說法.
묘장엄　사자지좌　현재설법

---

1. 부처님 공덕에 따라 부처님의 명호를 열 가지로 나누어 부르는 것을 '여래십호'라고 한다.
① 여래如來는 세월이 흘러도 절대로 변하지 않는 진여의 세계에서 오신 분이라는 뜻이다.
② '응應'은 응공應供으로 부처님은 복덕과 지혜로 중생의 공양을 받을 수 있는 자격을 갖추고
계신 분이라는 뜻이다. ③ 정등각正等覺은 정변지正遍知라고도 하는데 부처님은 올바르게 깨달아
모든 법을 두루 다 아시는 분이라는 뜻이다. ④ 명행원만明行圓滿은 명행족明行足이라고도 하는
데 부처님은 밝은 삶에 부족함이 없으신 분이라는 뜻이다. ⑤ 선서善逝는 부처님이 어두운 세계
를 초월하여 밝은 세계로 잘 가신 분이라는 뜻이다. ⑥ 세간해世間解는 세간이나 출세간의 인과
법을 부처님은 다 아시는 분이라는 뜻이다. ⑦ 무상장부無上丈夫는 무상사無上士라고도 하는데
부처님께서는 더 없이 높으신 분이라는 뜻이다. ⑧ 조어사調御士는 조어장부調御丈夫라고도 하는
데 모든 중생을 잘 다스리시는 분이라는 뜻이다. ⑨ 천인사天人師는 부처님은 천상과 인간의
스승이라는 뜻이다. ⑩ 불세존佛世尊은 부처님은 깨달으신 분이니 세상에서 존경받을 분이라는
뜻이다.

2장. 선명칭 길상왕 여래

석가모니 부처님께서 문수보살에게 말씀하셨다.

여기에서 동쪽으로 갠지스강 모래알 수보다 네 곱이나 많은 부처님의 국토를 지나 한 세계가 있는데, 그 세계의 이름은 '빛이 뛰어나게 아름다운 세상'이다. 그 세계의 부처님 명호는 '참으로 상서로운 부처님[善名稱 吉祥王 如來]'이다.

그 부처님께서는 깨달음의 길에서 물러나지 않는 헤아릴 수 없이 많은 보살에게 둘러싸여, 칠보로 아름답게 장식된 사자 좌에 앉아 지금도 법을 설하고 있다.

曼殊室利　彼佛國土　清淨嚴飾　縱廣正等　百千踰繕那
만수실리　피불국토　청정엄식　종광정등　백천유선나

以贍部金.　而為其地　平正柔軟　氣如天香　無諸惡趣
이섬부금　이위기지　평정유연　기여천향　무제악취

及女人名[1]　亦無瓦礫　沙石棘刺.　寶樹行列　花果滋
급여인명　역무와력　사석극자　보수행렬　화과자

繁　多有浴池　皆以金銀　真珠雜寶　而為砌飾.　曼殊室
번　다유욕지　개이금은　진주잡보　이위체식　만수실

利　彼國菩薩　皆於七寶　蓮華化生　是故淨信　善男子
리　피국보살　개어칠보　연화화생　시고정신　선남자

善女人　皆當願生　彼佛國土.　曼殊室利　彼佛如來　應
선여인　개당원생　피불국토　만수실리　피불여래　응

正等覺　從初發心　行菩薩道時　發八大願　云何為八.
정등각　종초발심　행보살도시　발팔대원　운하위팔

---

1. '無諸惡趣 及女人名'이란 문장은 군이 잘 살고 잘못 사는 여인을 구분해서 말하는 것이라기보다는 아예 '여자다 남자다하는 개념이 존재하지 않는다'는 뜻으로 풀이 된다. 초기 불교의 경우 남녀 구별 없이 깨달음을 얻을 수 있었고 깨달음을 얻은 성자인 아라한의 경우 여성도 많았다. 그러나 후대로 가면서 부처는 남자만이 될 수 있다는 사상이 생겨나 여자가 부처가 되려면 남성으로 다시 태어나야 부처가 될 수 있다고 하였다. '여인'을 번뇌 가운데에서도 가장 큰 번뇌인 애욕을 일으키는 주요 원인으로 여겼기 때문이다. 그러나 이는 남성중심의 사고에서 비롯된 것으로 남성도 여성에게 번뇌를 일으키는 대상이기는 마찬가지이니 '이성異性으로 인한 번뇌의 대명사'로 여인이란 단어를 보아야 할 것이다. '여인이 없는 부처님 국토'란 아마도 남성과 여성이 서로 평등하게 존중받는 인간으로 공존하면서, 서로에게 번뇌를 일으키는 괴로운 대상이 되지 않고 조화와 상생의 관계로서 살아가는 이상적 사회일 것이다.

문수보살이여,

그 부처님의 국토는 맑고 깨끗하며 매우 큰데 그 땅은 전부 빛나는 황금으로 되어 있다. 국토는 평탄하고 땅은 보드라우며 천상의 향기가 나고, 나쁜 장소는 물론 여인이란 개념조차 없다. 부스러진 기와, 자갈, 모래, 가시덤불 같은 것도 없다. 보배 나무가 줄지어 서 있고 아름다운 꽃과 맛있는 과일이 풍성하며 몸을 씻는 맑은 연못이 많은데 모두 금, 은, 진주 온갖 보배로 겹겹이 아름답게 꾸며져 있다.

문수보살이여,

그 국토의 보살들은 모두 칠보로 된 연꽃에서 태어나니, 이 때문에 깨끗한 믿음을 지닌 선남자 선여인은 모두 다 그 국토에 태어나기를 바라는 것이다.

문수보살이여,

그 부처님께서는 처음 발심한 뒤 보살도를 실천할 때, 여덟 가지 큰 서원을 세웠으니 그것이 무엇이겠느냐?

第一大願　願我來世　得無上菩提時　若有衆生　為諸病
제일대원　원아내세　득무상보리시　약유중생　위제병

苦　逼切其身　熱病諸瘧　蠱道魘魅　起屍鬼等之所惱害
고　핍절기신　열병제학　고도염매　기시귀등지소뇌해

若能至心　稱我名者　由是力故　所有病苦　悉皆消滅
약능지심　칭아명자　유시력고　소유병고　실개소멸

乃至證得　無上菩提.
내지증득　무상보리

第二大願　願我來世　得菩提時　若有衆生　盲聾瘖啞
제이대원　원아내세　득보리시　약유중생　맹롱암아

白癩癲狂　衆病所困　若能至心　稱我名者　由是力故
백라전광　중병소곤　약능지심　칭아명자　유시력고

諸根具足　衆病消滅　乃至菩提.
제근구족　중병소멸　내지보리

첫 번째 큰 서원은,

"바라옵건대 내가 오는 세상에서 깨달음을 얻었을 때, 어떤 중생이 갖은 병고로 핍박받아 열병이나 학질, 가위눌림, 송장을 일으키는 귀신 등에 시달리더라도, 지극한 마음으로 나의 명호를 부른다면, 이 공덕으로 온갖 병고가 모두 다 없어지리니, 이들 모두 부처님의 세상을 얻게 하소서."라고 발원한 것이다.

두 번째 큰 서원은,

"바라옵건대 내가 오는 세상에서 깨달음을 얻었을 때, 어떤 중생이 눈이 안 보이고 귀가 안 들리며 말을 하지 못하면서 문둥병, 정신병 같은 온갖 질병으로 시달리더라도, 지극한 마음으로 나의 명호를 부른다면, 이 힘으로 모든 감각기관이 온전해지고 갖가지 병고가 남김없이 없어질 것이니, 이들 모두 부처님의 세상을 얻게 하소서."라고 발원한 것이다.

第三大願 願我來世 得菩提時 若有衆生 為貪瞋癡之
제삼대원 원아내세 득보리시 약유중생 위탐진치지

所纏逼 造無間罪 及諸惡行 誹謗正法 不修衆善 當
소전핍 조무간죄 급제악행 비방정법 불수중선 당

墮地獄 受諸苦痛 若能至心 稱我名者 由是力故 令
타지옥 수제고통 약능지심 칭아명자 유시력고 영

無間罪[1] 及諸業障 悉皆消滅 無有衆生 墮惡趣[2]
무간죄 급제업장 실개소멸 무유중생 타악취

者 常受人天 殊勝[3] 安樂 乃至菩提.
자 상수인천 수승 안락 내지보리

第四大願 願我來世 得菩提時 若有衆生 少乏衣食
제사대원 원아내세 득보리시 약유중생 소핍의식

瓔珞臥具 財貨珍寶 香花伎樂[4] 若能至心 稱我名者
영락와구 재화진보 향화기악 약능지심 칭아명자

由是力故 所乏資生 皆得充足 乃至菩提.
유시력고 소핍자생 개득충족 내지보리

---

1. 무간죄는 '오역죄五逆罪'로 고통이 잠시도 사라지지 않는 '무간지옥'으로 떨어지는 죄를 말한다. '오역죄'는 부처님의 몸에 피를 내는 죄, 아버지를 죽인 죄, 어머니를 죽인 죄, 아라한을 죽인 죄, 대중들의 화합을 깨뜨린 죄이다.
2. 악취惡趣는 악도와 같은 말로 몸과 입과 뜻으로 지은 나쁜 업의 과보를 받아 중생들이 태어나는 곳이다. 삼악도는 지옥, 아귀 그리고 축생계를 말한다.
3. 수승은 세상에 희유하리만큼 아주 뛰어나다는 뜻이다.
4. '기악伎樂'은 부처님께 공양 올리기 위해 행하는 가무를 말한다.

세 번째 큰 서원은,

"바라옵건대 내가 오는 세상에서 깨달음을 얻었을 때, 욕심내고 성을 내며 어리석게 살아가는 어떤 중생이 무간지옥에 들어갈 죄와 온갖 악행을 저지르고 바른 법을 비방하며 좋은 일을 하지 않아 지옥에 떨어져 갖은 고통을 받아야 할지라도, 지극한 마음으로 나의 명호를 부른다면, 이 공덕으로 무간지옥에 들어갈 죄와 온갖 악행의 업장이 한꺼번에 없어져 나쁜 세상에 떨어질 중생이 없고 언제나 즐겁고 편안한 천상에 태어날 것이니, 이들 모두 부처님의 세상을 얻게 하소서."라고 발원한 것이다.

네 번째 큰 서원은,

"바라옵건대 내가 오는 세상에서 깨달음을 얻었을 때, 어떤 중생이 가난하여 옷, 음식, 보배구슬, 침구, 재물, 진기한 보배, 아름다운 꽃, 향기로운 향, 춤이나 노래의 즐거움을 공양 올리지 못하더라도, 지극한 마음으로 나의 명호를 부른다면, 이 공덕으로 부족하던 온갖 살림살이가 다 갖추어지리니, 이들 모두 부처님의 세상을 얻게 하소서."라고 발원한 것이다.

第五大願　願我來世　得菩提時　若有衆生　或被枷鎖
제오대원　원아내세　득보리시　약유중생　혹피가쇄

繫縛其身　以及鞭撻　受諸苦惱　若能至心　稱我名者
계박기신　이급편달　수제고뇌　약능지심　칭아명자

由是力故　所有苦難　都得解脫　乃至菩提.
유시력고　소유고난　도득해탈　내지보리

第六大願　願我來世　得菩提時　若有衆生　於險難處
제육대원　원아내세　득보리시　약유중생　어험난처

為諸惡獸　熊羆師子　虎豹豺狼　蚖蛇蝮蠍之所侵惱
위제악수　웅비사자　호표시랑　원사복헐지소침뇌

欲斷其命　發聲大叫　受大苦時　若能至心　稱我名者
욕단기명　발성대규　수대고시　약능지심　칭아명자

由是力故　所有恐怖　皆得解脫　諸惡獸等　悉起慈心
유시력고　소유공포　개득해탈　제악수등　실기자심

常得安樂　乃至菩提.
상득안락　내지보리

다섯 번째 큰 서원은,

"바라옵건대 내가 오는 세상에서 깨달음을 얻었을 때, 어떤 중생이 어쩌다가 국법을 범하여 쇠사슬에 묶이고 매를 맞아 온갖 고초를 당하고 있더라도, 지극한 마음으로 나의 명호를 부른다면, 이 공덕으로 갖은 고초에서 벗어나리니, 이들 모두 부처님의 세상을 얻게 하소서."라고 발원한 것이다.

여섯 번째 큰 서원은,

"바라옵건대 내가 오는 세상에서 깨달음을 얻었을 때, 어떤 중생이 험난한 장소에서 사나운 짐승들 곧 곰, 사자, 호랑이, 표범, 승냥이, 이리, 독사, 살무사, 전갈들에게 물려 실낱같은 목숨이 끊어지려고 고통스러운 신음을 내고 있을 때라도 지극한 마음으로 나의 명호를 부른다면, 이 공덕으로 온갖 공포를 다 벗어나고 사나운 짐승들도 모두 자비심을 일으켜 이 중생이 언제나 안락한 행복 속에서 살아가리니, 이들 모두 부처님의 세상을 얻게 하소서."라고 발원한 것이다.

第七大願　願我來世　得菩提時　若有眾生　鬪諍言訟
제칠대원　원아내세　득보리시　약유중생　투쟁언송

因生憂惱　若能至心　稱我名者　由是力故　鬪訟解散
인생우뇌　약능지심　칭아명자　유시력고　투송해산

慈心相向　乃至菩提.
자심상향　내지보리

第八大願　願我來世　得菩提時　若有眾生　入於江海
제팔대원　원아내세　득보리시　약유중생　입어강해

遭大惡風　吹其船舫　無有洲渚　而作歸依　極生憂怖
조대악풍　취기선방　무유주저　이작귀의　극생우포

若能至心　稱我名者　由是力故　皆得隨心　至安隱處
약능지심　칭아명자　유시력고　개득수심　지안은처

受諸快樂　乃至菩提.
수제쾌락　내지보리

曼殊室利　是謂彼佛如來　應正等覺　行菩薩道時　所發
만수실리　시위피불여래　응정등각　행보살도시　소발

八種　微妙大願.
팔종　미묘대원

일곱 번째 큰 서원은,

"바라옵건대 내가 오는 세상에서 깨달음을 얻었을 때, 어떤 중생이 비열한 소송에 걸려 다투는 과정에서 근심과 걱정이 많더라도, 지극한 마음으로 나의 명호를 부른다면, 이 공덕으로 어려운 소송이 다 해결되고 자비로운 마음으로 서로 대하리니, 이들 모두 부처님의 세상을 얻게 하소서."라고 발원한 것이다.

여덟 번째 큰 서원은,

"바라옵건대 내가 오는 세상에서 깨달음을 얻었을 때, 어떤 중생이 강이나 바다에서 폭풍을 만나 배가 뒤집히려 하고, 배를 댈만한 섬도 없어 극심한 공포 속에 있더라도, 지극한 마음으로 나의 명호를 부른다면, 이 힘으로 모두 원하는 대로 편안하며 아늑한 곳에 도달하여 온갖 즐거움을 누리리니, 이들 모두 부처님의 세상을 얻게 하소서."라고 발원한 것이다.

문수보살이여, 이것이 참으로 '상서로운 부처님'께서 처음 발심한 뒤 보살의 삶을 살아갈 때 발원한 여덟 가지 미묘한 큰 서원이다.

又彼世尊　從初發心　常以定力　成就衆生　供養諸佛
우피세존　종초발심　상이정력　성취중생　공양제불

嚴淨佛土　菩薩眷屬　悉皆圓滿　此之福德　不可思議.
엄정불토　보살권속　실개원만　차지복덕　불가사의

一切聲聞[1]　及諸獨覺　縱經多劫　說不能盡　唯除如來
일체성문　급제독각　종경다겁　설불능진　유제여래

補處菩薩[2].
보처보살

曼殊室利　若有淨信　男子女人　若王大臣　長者居士
만수실리　약유정신　남자여인　약왕대신　장자거사

心希福德　斷諸煩惱　稱彼佛名　讀斯經典　於彼如來
심희복덕　단제번뇌　칭피불명　독사경전　어피여래

至心尊重　恭敬供養　所有一切　罪惡業障　及諸病苦
지심존중　공경공양　소유일체　죄악업장　급제병고

悉皆消滅　諸有願求　無不隨意　得不退轉　乃至菩提.
실개소멸　제유원구　무불수의　득불퇴전　내지보리

---

1. 부처님께서 말씀하시는 법을 직접 듣고서 고집멸도苦集滅道 사제四諦의 이치에 의지하여 깨달음을 얻은 사람은 '성문'이라고 하고, 부처님의 가르침을 직접 듣지는 못했지만 홀로 십이인연十二因緣의 이치를 관찰하여 깨달음을 얻은 사람은 '독각' 혹은 '연각'이라고 한다.
2. 보처보살補處菩薩은 중생을 모두 제도하고자 하는 원력으로 이 세상에 마지막으로 오신 보살이다.

또 그 부처님께서 처음 발심한 뒤 언제나 선정의 힘으로써 중생을 감화하여, 그들이 모든 부처님께 공양을 올리고 국토를 깨끗하게 장엄하니, 보살들의 권속도 빠짐없이 공덕이 오롯해져, 그 복덕이 참으로 불가사의하다. 모든 성문과 독각이 아무리 오랜 세월 그 복덕을 말하더라도 그 복덕은 다 말할 수 없다. 오직 여래 또는 '중생을 다 제도하고자 하는 원력으로 이 세상에 마지막으로 오게 되는 보처보살'만이 설할 수 있는 것이다.

문수보살이여, 만약 깨끗한 믿음을 지닌 선남자, 선여인, 국왕, 대신, 장자, 거사가 복덕을 받고 온갖 번뇌를 끊고자 부처님의 명호를 부르고, 이 경전을 읽으며 저 '참으로 상서로운 부처님'을 지극한 마음으로 존중하고 공경하며 공양한다면, 온갖 죄악과 업장, 모든 병고가 다 없어져서 원하는 바가 뜻대로 되고 한 번 이룬 공부에서 물러남 없이 부처님의 세상을 얻게 될 것이다.

復次　曼殊室利　東方去此　過五殑伽　河沙佛土
부차　만수실리　동방거차　과오긍가　하사불토

有世界　名曰妙寶　佛號　寶月智嚴光音自在王如來
유세계　명왈묘보　불호　보월지엄광음자재왕여래

應正等覺.　有無量億　菩薩圍繞　現在說法
응정등각　유무량억　보살위요　현재설법

皆演大乘[1]　微妙深義.
개연대승　미묘심의

曼殊室利　彼佛如來　從初發心　行菩薩道時
만수실리　피불여래　종초발심　행보살도시

發八大願　云何為八.
발팔대원　운하위팔

---

1. 부처님께서 평생 말씀하신 법을 '대승'과 '소승'으로 나눌 때, 성문과 연각을 위한 법이 소승이고 보살을 위한 법이 대승인데 이 대승을 '보살승'이라 한다. '대승大乘'은 큰 수레란 뜻이다. 많은 중생들과 함께 부처님의 세상으로 가겠다는 원력을 세우고 육바라밀을 실천하는 사람이 바로 '보살'이다.

또 문수보살이여, 여기에서 동쪽으로 갠지스강 모래알 수보다 다섯 곱이나 많은 부처님의 국토를 지나 한 세계가 있는데, 그 세계의 이름은 '묘한 보배 세상[妙寶]'이다. 그 세계의 부처님 명호는 '밝은 지혜 빛과 소리 부처님[寶月智嚴 光音自在王如來]'인데, 그 부처님께서는 헤아릴 수 없이 많은 보살에게 둘러싸여 지금도 법을 설하고 있으니, 그 가르침은 모두 '대승의 미묘한 깊은 뜻'을 말씀하신 것이다.

문수보살이여,
그 부처님께서는 처음 발심한 뒤 보살의 삶을 살아갈 때 여덟 가지 큰 서원을 세웠으니 그것이 무엇이냐?

第一大願　願我來世　得菩提時　若有眾生　為營農業
제일대원　원아내세　득보리시　약유중생　위영농업

及商賈事　令心擾亂　廢修菩提　殊勝善法　於生死中
급상가사　영심요란　폐수보리　수승선법　어생사중

不能出離　各各備受　無邊苦惱　若能至心　稱我名者
불능출리　각각비수　무변고뇌　약능지심　칭아명자

由是力故　衣服飲食　資生之具　金銀珍寶　隨願充足
유시력고　의복음식　자생지구　금은진보　수원충족

所有善根　皆得增長　亦不捨離　菩提之心　諸惡道苦
소유선근　개득증장　역불사리　보리지심　제악도고

咸蒙解脫　乃至菩提.
함몽해탈　내지보리

第二大願　願我來世　得菩提時　於十方界　所有眾生
제이대원　원아내세　득보리시　어시방계　소유중생

若為寒熱　饑渴逼身　受大苦惱　若能至心　稱我名者
약위한열　기갈핍신　수대고뇌　약능지심　칭아명자

由是力故　先世罪業　悉皆消滅　捨諸苦惱　受人天樂
유시력고　선세죄업　실개소멸　사제고뇌　수인천락

乃至菩提.
내지보리

첫 번째 큰 서원은

"바라옵건대 내가 오는 세상에서 깨달음을 얻었을 때, 어떤 중생이 농사를 짓거나 장사를 하며 살아가느라 마음이 번거로워 깨달음의 뛰어난 법을 닦지 못하고 생사에서 벗어나지 못하여 끊임없이 고통을 받고 있더라도, 지극한 마음으로 나의 명호를 부른다면, 이 공덕으로 옷, 음식, 살림살이, 금, 은, 보배가 풍족해지고 행복한 마음이 가득해질 것이다. 또한 깨달음을 버리지 않기에 온갖 고통의 세계에서 벗어나리니, 이들 모두 부처님의 세상을 얻게 하소서."라고 발원한 것이다.

두 번째 큰 서원은

"바라옵건대 내가 오는 세상에서 깨달음을 얻었을 때, 추위, 더위, 굶주림, 목마름에 시달려 갖은 고통을 받는 시방세계 모든 중생이 지극한 마음으로 나의 명호를 부른다면, 이 공덕으로 전생의 죄업이 다 없어지고 온갖 고뇌를 벗어나 인천의 즐거움을 받으리니, 이들 모두 부처님의 세상을 얻게 하소서."라고 발원한 것이다.

第三大願 願我來世 得菩提時 於十方界 若有女人
제삼대원 원아내세 득보리시 어시방계 약유여인

貪淫煩惱 常覆其心 相續有娠 深可厭惡 臨當產時
탐음번뇌 상부기심 상속유신 심가염악 임당산시

受大苦惱 若我名字 暫經其耳 或復稱念 由是力故
수대고뇌 약아명자 잠경기이 혹부칭념 유시력고

衆苦皆除 捨此身已 常為男子 乃至菩提.
중고개제 사차신이 상위남자 내지보리

第四大願 願我來世 得菩提時 若有衆生 或與父母
제사대원 원아내세 득보리시 약유중생 혹여부모

兄弟姊妹 妻子眷屬 及諸親友 行險難處 為賊所侵
형제자매 처자권속 급제친우 행험난처 위적소침

受諸苦惱 暫聞我名 或復稱念 由是力故 解脫衆難
수제고뇌 잠문아명 혹부칭념 유시력고 해탈중난

乃至菩提.
내지보리

세 번째 큰 서원은,

"바라옵건대 내가 오는 세상에서 깨달음을 얻었을 때, 시방세계 어떤 여인이 지나친 음욕으로 항상 그 마음이 번뇌에 차 있고 잇따른 임신으로 그 몰골도 몹시 추해지고, 아이를 낳으며 온갖 고통을 받더라도, 내 이름이 귀에 잠깐 스쳐 가는 인연으로 혹여 내 명호를 부른다면, 이 공덕으로 온갖 고통이 다 제거되고 여인의 몸을 버린 뒤로 언제나 남자로 태어나리니 이들 모두 부처님의 세상을 얻게 하소서."라고 발원한 것이다.

네 번째 큰 서원은,

"바라옵건대 내가 오는 세상에서 깨달음을 얻었을 때, 부모, 형제, 자매, 처자, 권속, 친구들과 함께 험난한 곳을 지나다가 도둑을 만나 온갖 난관에 빠져 있는 어떤 중생이 잠깐만이라도 내 이름을 듣거나 내 명호를 부른다면, 이 공덕으로 모든 어려움에서 벗어나리니, 이들 모두 부처님의 세상을 얻게 하소서."라고 발원한 것이다.

第五大願　願我來世　得菩提時　若有衆生　行於暗夜
제오대원　원아내세　득보리시　약유중생　행어암야

作諸事業　被惡鬼神之所惱亂　極生憂苦　暫聞我名
작제사업　피악귀신지소뇌란　극생우고　잠문아명

或復稱念　由是力故　從暗遇明　諸惡鬼神　起慈悲意
혹부칭념　유시력고　종암우명　제악귀신　기자비의

乃至菩提.
내지보리

다섯 번째 큰 서원은,

"바라옵건대 내가 오는 세상에서 깨달음을 얻었을 때, 어떤 중생이 앞이 보이지 않는 어두운 밤길을 가면서 자신이 지은 온갖 업으로 말미암아 흉악한 귀신의 시달림을 받으며 극심한 고통을 받더라도 잠깐이나마 내 이름을 듣거나 내 명호를 부른다면, 이 공덕으로 어둠에서 밝은 세상을 만나 온갖 흉악한 귀신도 자비로운 마음을 내리니, 이들 모두 부처님의 세상을 얻게 하소서."라고 발원한 것이다.

第六大願　願我來世　得菩提時　若有衆生　行鄙惡事
제육대원　원아내세　득보리시　약유중생　행비악사

不信三寶　智慧鮮少　不修善法　根¹力²覺³道⁴　念⁵
불신삼보　지혜선소　불수선법　근 력 각 도　염

定⁶總持⁷皆不修習　若能至心　稱我名者　由是力故
정 총지 개불수습　약능지심　칭아명자　유시력고

智慧漸增　三十七品悉皆修學　深信三寶　乃至菩提.
지혜점증　삼십칠품실개수학　심신삼보　내지보리

---

1. '근根'은 오근을 말한다. '오근五根'에서 '근根'은 낸다는 뜻이니, 이 오근에서 온갖 좋은 법이 생겨난다는 것이다. '신근信根'은 올바른 도와 그 도를 도와주는 방편을 깊이 믿는 것이다. '정진근精進根'은 정법을 꾸준히 수행하는 것이다. '염근念根'은 정법을 기억하고 잊지 않는 것이다. '정근定根'은 마음을 한 곳에 거두어 고요하게 하는 것이다. '혜근慧根'은 모든 법을 분명하게 아는 것이다.

2. '력力'은 오력을 말한다. '오력五力'은 오근을 닦을 때 얻어지는 힘으로 신력信力·진력進力·염력念力·정력定力·혜력慧力을 말한다.

3. '각覺'은 칠각지를 말한다. '칠각지七覺支'는 불도를 수행하는 데 참되고 거짓되고 선하고 악한 것인지를 잘 살펴 가려내는 택법각분擇法覺分·정진각분精進覺分·희각분喜覺分·제각분除覺分·사각분捨覺分·정각분定覺分·염각분念覺分 일곱 가지 지혜를 말한다.

4. '도道'는 팔정도를 말한다. '팔정도八正道'는 불도를 실천 수행하는 중요한 덕목으로 정견正見·정사正思·정어正語·정업正業·정명正命·정정진正精進·정념正念·정정正定 여덟 가지를 말한다.

5. '염念'은 사념처를 말한다. '사념처四念處'는 '신수심법身受心法' 네 가지 대상의 실체를 보고 제행무상諸行無常·제법무아諸法無我·일체개고一切皆苦의 세 가지 진리를 깨닫고자 하는 것이다.

6. '정定'은 사신정을 말한다. '사신정四神定'은 선정을 얻을 수 있는 신통력이니 욕欲은 선정을 얻으려는 노력을, 염念은 높은 경지에 바르게 머물고자 함을, 진進은 쉬지 않고 정진함을, 사유思惟는 사유하여 마음이 흐트러지지 않는 것을 뜻한다.

7. 모든 이치가 다 갖추어져 있다는 뜻인 '총지總持'는 다라니를 말한다.

여섯 번째 큰 서원은,

"바라옵건대 내가 오는 세상에서 깨달음을 얻었을 때, 어떤 중생이 비열한 온갖 나쁜 짓을 하며 삼보를 믿지 않고 지혜롭지 못하여 좋은 법을 닦지 않아 오근, 오력, 칠각지, 팔정도, 사념처관, 사신정, 다라니 등을 수행한 적이 전혀 없더라도, 지극한 마음으로 나의 명호를 부른다면, 이 공덕으로 시나브로 지혜가 늘어 '성불을 도와주는 서른일곱 가지 모든 수행'[1]을 빠짐없이 다 닦으면서 부처님과 부처님의 가르침 및 청정한 승가를 믿게 되리니, 이들 모두 부처님의 세상을 얻게 하소서." 라고 발원한 것이다.

---

1. 삼십칠조도품三十七助道品은 열반으로 가는 길을 도와주는 서른일곱 가지 수행을 말한다. 사념처·사정근·사신정·오근·오력·칠각지·팔정도 이 모두를 합하면 서른일곱 가지 수행이 된다.

第七大願　願我來世　得菩提時　若有眾生　意樂鄙劣
제칠대원　원아내세　득보리시　약유중생　의요비열

於二乘[1]道　修行而住　棄背無上　勝妙菩提　若能至心
어이승도　수행이주　기배무상　승묘보리　약능지심

稱我名者　捨二乘見　於無上覺　得不退轉　乃至菩提.
칭아명자　사이승견　어무상각　득불퇴전　내지보리

第八大願　願我來世　得菩提時　若有眾生　見劫將盡
제팔대원　원아내세　득보리시　약유중생　견겁장진

火欲起時　生大憂怖　苦惱悲泣　由彼前身　惡業力故
화욕기시　생대우포　고뇌비읍　유피전신　악업력고

受斯眾苦　無所歸依　若能至心　稱我名者　所有憂苦
수사중고　무소귀의　약능지심　칭아명자　소유우고

悉皆消滅　受清涼樂　從此命終　於我佛土　蓮華化生
실개소멸　수청량락　종차명종　어아불토　연화화생

常修善法　乃至菩提.
상수선법　내지보리

---

1. ‘승乘’은 ‘사람을 태워 목적지에 데려다 주는 탈것’을 말한다. ‘중생을 태워 생사의 바다를 건너 주게 하는 법’을 비유한 것인데, 이 내용을 크게 두 종류로 나누어서 이승이라고 한다. 이승은 대승大乘과 소승小乘을 말하기도 하고, 다시 소승을 성문승聲聞乘과 연각승緣覺乘으로 나눈 것을 말하기도 한다. 여기서는 소승을 나눈 성문승과 연각승을 지칭한다.

일곱 번째 큰 서원은,

"바라옵건대 내가 오는 세상에서 깨달음을 얻었을 때, 어떤 중생이 하찮은 경계를 좋아하여 이승二乘의 도를 닦고 거기에 집착하여 수승하고 오묘한 최고의 깨달음을 등지고 살다가도, 지극한 마음으로 나의 명호를 부른다면, 이 공덕으로 이승의 소견을 버리고 최고의 깨달음에서 물러나지 않고 정진하리니, 이들 모두 부처님의 세상을 얻게 하소서."라고 발원한 것이다.

여덟 번째 큰 서원은,

"바라옵건대 내가 오는 세상에서 깨달음을 얻었을 때, 어떤 중생이 전생의 악업으로 말미암아 세상을 멸망시키는 우주의 불길이 일어나는 것을 보고 공포와 고뇌 속에 슬피 우는 온갖 고통 속에서 귀의할 곳이 없더라도, 지극한 마음으로 나의 명호를 부른다면, 이 공덕으로 온갖 근심과 고통이 한꺼번에 없어져 맑고 시원한 즐거움을 누리며 목숨이 다한 뒤 나의 국토에서 연꽃처럼 피어나 늘 좋은 법을 닦으리니, 이들 모두 부처님의 세상을 얻게 하소서."라고 발원한 것이다.

曼殊室利　是為彼佛　如來應供　正等覺　行菩薩道時
만수실리　시위피불　여래응공　정등각　행보살도시

所發八種　微妙大願.
소발팔종　미묘대원

又彼如來　所居佛土　廣博嚴淨　地平如掌.　天妙香樹
우피여래　소거불토　광박엄정　지평여장　천묘향수

而為行列　天花遍覆　天樂常鳴.　天妙鈴鐸　隨處懸布
이위행렬　천화변부　천악상명　천묘령탁　수처현포

天寶莊嚴　師子之座　天寶砌飾　諸妙浴池.　其地柔軟
천보장엄　사자지좌　천보체식　제묘욕지　기지유연

無諸瓦礫　亦無女人　及諸煩惱　皆是不退　諸菩薩衆
무제와력　역무여인　급제번뇌　개시불퇴　제보살중

蓮華化生.　若起念時　飲食衣服　及諸資具　隨意現前
연화화생　약기념시　음식의복　급제자구　수의현전

是故　名為妙寶世界.
시고　명위묘보세계

문수보살이여,

이것이 '밝은 지혜 빛과 소리 부처님'께서 처음 발심한 뒤 보살의 삶을 살아갈 때 발원한 여덟 가지 미묘한 큰 서원이다.

또 그 부처님께서 머무신 국토는 넓고 깨끗하며 손바닥처럼 평평하다. 하늘의 오묘한 향기가 나는 나무들이 줄지어 서 있고 하늘의 꽃이 곳곳에 피어 있으며 천상의 풍악이 늘 울리고 있다. 하늘의 오묘한 소리를 내는 요령과 목탁이 가는 곳마다 달려 있고 천상의 보배로 장엄한 사자좌가 있으며, 하늘의 보배로 아름답게 장식하고 몸을 씻는 미묘하고 맑은 연못이 있다. 그 땅은 보드랍고 기와 부스러기나 자갈이 없으며 여인이란 개념조차 없고 온갖 번뇌도 없으니, 이는 모두 깨달음에서 물러남이 없는 보살들이 연꽃처럼 피어나는 곳이다. 여기서는 생각만 일으키면 옷, 음식, 살림살이가 원하는 대로 나타나니, 이 때문에 이를 일러 '묘한 보배 세상[妙寶]'이라고 한다.

曼殊室利　若有淨信　男子女人　國王王子　大臣輔相
만수실리　약유정신　남자여인　국왕왕자　대신보상

中宮彩女　晝夜六時　慇重至心　恭敬供養　彼佛世尊
중궁채녀　주야육시　은중지심　공경공양　피불세존

及稱名號　並造形像　香花音樂　燒香末香
급칭명호　병조형상　향화음악　소향말향

塗香而為奉獻
도향이위봉헌

清淨嚴潔　於七日中　持八戒齋[1]　於諸眾生　起慈悲意
청정엄결　어칠일중　지팔계재　어제중생　기자비의

願生彼土
원생피토

彼佛世尊　及諸菩薩　護念是人　一切罪業　悉皆消滅
피불세존　급제보살　호념시인　일체죄업　실개소멸

無上菩提　得不退轉.
무상보리　득불퇴전

---

1. 살생하지 않고, 도둑질하지 않으며, 음행을 하지 않고, 거짓말을 하지 않으며, 술을 마시지 않고, 향수나 꽃으로 몸을 꾸미지 않으며, 춤추고 노래하지 않고, 높은 자리에 앉지 않는 이 여덟 가지 '계'와 때가 아니면 밥을 먹지 않는 '재'를 합하여 '팔관재계'라고 한다.

문수보살이여,

만약 깨끗한 믿음을 지닌 선남자, 선여인, 임금, 왕자, 대신, 관리, 왕후, 궁녀라면 밤낮없이 지극한 마음으로 그 부처님을 공경 공양해야 한다.

그분의 명호를 부르고 성스러운 모습을 조성하며, 향기로운 꽃과 음악, 사르는 향, 가루 향, 바르는 향으로 공양을 올려야 한다.

그리하여 맑고 깨끗한 마음으로 7일 동안 팔관재계를 지키면서 모든 중생에게 자비로운 마음을 일으켜 그들이 부처님의 국토에 태어나기를 바란다면,

부처님과 모든 보살이 이 사람을 지키고 보호하여 그들의 모든 죄업은 남김없이 없어지고 최상의 깨달음에서 물러나지 않고 끊임없이 정진하게 될 것이다.

於貪恚癡　漸得微薄　無諸病苦　增益壽命.
어탐에치　점득미박　무제병고　증익수명

隨有希求　悉皆如意　鬪諍怨家　咸生歡喜
수유희구　실개여의　투쟁원가　함생환희

捨此身已　往彼剎土　蓮華化生.
사차신이　왕피찰토　연화화생

當生之時　念定總持　悉皆明了.
당생지시　염정총지　실개명료

曼殊室利
만수실리

如是當知　彼佛名號　無量功德　若得聞者所願皆成.
여시당지　피불명호　무량공덕　약득문자소원개성

그들이 욕심내고 성내는 어리석음이 시나브로 옅어지고 온갖 병고가 없어져 수명이 늘어날 것이다.

바라는 대로 전부 이루어지고 다투던 원수들이 모두 다 기뻐하며 이번 생이 다한 뒤에는 부처님의 국토에 가서 연꽃처럼 피어날 것이다.

태어날 때부터 '바른 생각에서 우러나온 선정' 속에 모든 것을 지녀 온갖 것의 실체를 분명하게 알 것이다.

문수보살이여, 이처럼 그 부처님의 명호와 헤아릴 수 없이 많은 공덕을 들은 사람은 원하는 바 모든 것이 성취되는 줄 알아야 한다.

復次　曼殊室利　東方去此　過六殑伽　河沙佛土　有世
부차　만수실리　동방거차　과육긍가　하사불토　유세

界　名曰　圓滿香積　佛號　金色寶光妙行成就如來應正
계　명왈　원만향적　불호　금색보광묘행성취여래응정

等覺.　有無量億萬　菩薩圍繞　現在說法.
등각　유무량억만　보살위요　현재설법

曼殊室利　彼佛如來　從初發心　行菩薩道時　發四大願
만수실리　피불여래　종초발심　행보살도시　발사대원

云何為四.
운하위사

또 문수보살이여, 여기에서 동쪽으로 갠지스강 모래알 수보다 여섯 곱이나 많은 부처님의 국토를 지나 한 세계가 있는데, 그 세계의 이름은 '오롯이 향기로 가득 찬 세상[圓滿香積]'이라 한다. 그 세계의 부처님 명호는 '황금빛의 오묘한 삶 부처님[金色寶光 妙行成就 如來]'인데, 그 부처님께서는 헤아릴 수 없이 많은 보살에게 둘러싸여 지금도 법을 설하고 있다.

문수보살이여, 그 부처님께서는 처음 발심한 뒤 보살의 삶을 살아갈 때, 네 가지 큰 서원을 세웠으니 그것이 무엇이냐?

第一大願 願我來世 得菩提時 若有衆生 造作種種
제일대원 원아내세 득보리시 약유중생 조작종종

屠害之業 斷諸生命 由斯惡業 受地獄苦 設得爲人
도해지업 단제생명 유사악업 수지옥고 설득위인

短壽多病 或遭水火 刀毒所傷 當受死苦 若聞我名
단수다병 혹조수화 도독소상 당수사고 약문아명

至心稱念 由是力故 所有惡業 悉皆消滅 無病長壽
지심칭념 유시력고 소유악업 실개소멸 무병장수

不遭橫死 乃至菩提.
부조횡사 내지보리

第二大願 願我來世 得菩提時 若有衆生 作諸惡業
제이대원 원아내세 득보리시 약유중생 작제악업

盜他財物 當墮惡趣 設得爲人 生貧窮家 乏少衣食
도타재물 당타악취 설득위인 생빈궁가 핍소의식

常受諸苦 若聞我名 至心稱念 由是力故 所有惡業
상수제고 약문아명 지심칭념 유시력고 소유악업

悉皆消滅 衣服飮食 無所乏少 乃至菩提.
실개소멸 의복음식 무소핍소 내지보리

첫 번째 큰 서원은,

"바라옵건대 내가 오는 세상에서 깨달음을 얻었을 때, 어떤 중생이 온갖 살생으로 많은 생명을 끊고 그 악업으로 말미암아 지옥의 고통을 받거나, 설령 사람으로 태어나도 수명이 짧고 병이 많거나 혹 물불의 재앙을 만나거나 칼을 맞아 죽을 고통을 받고 있더라도, 나의 이름을 듣고 지극한 마음으로 내 명호를 부른다면, 이 공덕으로 온갖 악업이 남김없이 없어지고 무병장수하여 횡사 당할 일이 없으리니, 이들 모두 부처님의 세상을 얻게 하소서."라고 발원한 것이다.

두 번째 큰 서원은,

"바라옵건대 내가 오는 세상에서 깨달음을 얻었을 때, 어떤 중생이 온갖 악업으로 남의 재물을 훔쳐 나쁜 세상에 떨어지거나, 설령 사람으로 태어나도 가난한 집에 태어나 옷과 음식이 모자라 늘 온갖 고통을 받다가 나의 이름을 듣고 지극한 마음으로 내 명호를 부른다면, 이 공덕으로 온갖 악업이 전부 없어지고 옷과 음식이 부족하지 않으리니, 이들 모두 부처님의 세상을 얻게 하소서."라고 발원한 것이다.

第三大願　願我來世　得菩提時　若有眾生　更相凌慢
제삼대원　원아내세　득보리시　약유중생　갱상능만

共為仇隙　若聞我名　至心稱念　由是力故　各起慈心
공위구극　약문아명　지심칭념　유시력고　각기자심

猶如父母　乃至菩提.
유여부모　내지보리

第四大願　願我來世　得菩提時　若有眾生　貪欲瞋恚
제사대원　원아내세　득보리시　약유중생　탐욕진에

愚癡所纏　若出家在家　男女七眾[1]　毀犯如來　所制學
우치소전　약출가재가　남녀칠중　훼범여래　소제학

處　造諸惡業　當墮地獄　受諸苦報　若聞我名　至心稱
처　조제악업　당타지옥　수제고보　약문아명　지심칭

念　由是力故　所有惡業　悉皆消滅　斷諸煩惱　敬奉尸
념　유시력고　소유악업　실개소멸　단제번뇌　경봉시

羅[2]　於身語心　善能防護　永不退轉　乃至菩提.
라　어신어심　선능방호　영불퇴전　내지보리

---

1. 승가는 '사중四眾' 또는 '칠중七眾'으로 분류된다. 사중이란 비구, 비구니, 우바새, 우바이를 말하고, 칠중은 여기다 사미, 사미니, 식차마니를 포함하여 일컫는 말이다. 비구와 비구니는 남스님과 여스님을 말하고 우바새와 우바이는 남신도 여신도를 말한다. 칠중에서 우바새와 우바이를 제외한 오중五眾은 모두 출가 수행자이다. 식차마니는 사미니가 되기 직전 단계의 출가 여자 수행자로서 18세 이상 20세 미만이 여기에 해당된다. 특히 그 기간에는 불음不淫, 부도不盜, 불살不殺, 불허광어不虛誑語, 불음주不飮酒, 불비시식不非時食 여섯 가지 법을 수행한다.
2. 시라尸羅는 산스크리트어 śīla의 음사이니 '계율'이라는 뜻이다.

세 번째 큰 서원은,

"바라옵건대 내가 오는 세상에서 깨달음을 얻었을 때, 중생들이 서로 업신여겨 원수가 되더라도 나의 이름을 듣고 지극한 마음으로 내 명호를 부른다면, 이 공덕으로 저마다 어버이처럼 자비로운 마음을 일으키리니, 이들 모두 부처님의 세상을 얻게 하소서."라고 발원한 것이다.

네 번째 큰 서원은,

"바라옵건대 내가 오는 세상에서 깨달음을 얻었을 때, 중생들이 욕심내고 성내는 어리석은 삶 속에 있고 비구, 비구니, 사미, 사미니, 우바새, 우바이, 식차마니와 같은 부처님의 제자들이, 계율을 범한 모든 악업으로 지옥에 떨어져 온갖 고통을 받더라도, 나의 이름을 듣고 지극한 마음으로 내 명호를 부른다면, 이 공덕으로 온갖 악업이 남김없이 없어지고 모든 번뇌가 끊어져 계율을 공경하고 받들며 몸과 입과 뜻을 잘 다스려서 영원히 깨달음의 길에서 물러나지 않고 정진하리니, 이들 모두 부처님의 세상을 얻게 하소서."라고 발원한 것이다.

曼殊室利　是為彼佛如來　應正等覺　行菩薩道時
만 수 실 리　시 위 피 불 여 래　응 정 등 각　행 보 살 도 시

所發四種　微妙大願.
소 발 사 종　미 묘 대 원

曼殊室利　又彼如來　所居佛土　廣博嚴淨　地平如掌.
만 수 실 리　우 피 여 래　소 거 불 토　광 박 엄 정　지 평 여 장

皆以寶成　常有香氣　如妙旃檀.　復以香樹　而為行列
개 이 보 성　상 유 향 기　여 묘 전 단　부 이 향 수　이 위 행 렬

天妙珠瓔　摩尼等寶　處處垂下.　多有浴池　天寶嚴飾
천 묘 주 영　마 니 등 보　처 처 수 하　다 유 욕 지　천 보 엄 식

香水盈滿　眾德皆具.　於其四邊　懸妙繪彩　街衢八道
향 수 영 만　중 덕 개 구　어 기 사 변　현 묘 증 채　가 구 팔 도

隨處莊嚴.　所有眾生　無諸煩惱　及憂悲苦　亦無女人.
수 처 장 엄　소 유 중 생　무 제 번 뇌　급 우 비 고　역 무 여 인

多是住地　諸菩薩眾.　勝妙音樂　不鼓自鳴　演說大乘
다 시 주 지　제 보 살 중　승 묘 음 악　불 고 자 명　연 설 대 승

微妙深法　若有眾生　聞此音者　得不退轉　無上菩提.
미 묘 심 법　약 유 중 생　문 차 음 자　득 불 퇴 전　무 상 보 리

문수보살이여,

이것이 '황금빛의 오묘한 삶 부처님'이 보살의 삶을 살아갈 때 발원한 네 가지 미묘한 큰 서원이니라.

문수보살이여, 또 그 부처님께서 머무시는 부처님의 국토는 맑고 넓고 깨끗하며 손바닥처럼 평평하다. 모두 보배로 이루어졌고 늘 향기가 나는데 오묘한 냄새를 풍기는 전단 향과 같다. 또 향나무가 줄지어 서 있고 천상의 아름다운 옥구슬 마니주 같은 보배가 곳곳에 드리워져 있다. 몸을 씻는 여러 개의 맑은 연못은 하늘의 보배로 아름답게 꾸며지고 향기로운 물이 가득 차 있어 온갖 공덕이 다 갖추어져 있다. 무척이나 아름답고 부드러운 비단이 그 주변에 둘러쳐 있고 사방팔방으로 뚫린 거리 곳곳이 아름답게 장식되어 있다.

그곳에 사는 모든 중생은 번거롭거나 근심과 걱정으로 슬퍼하는 고통이 없고 여인이란 개념조차 없다. 그곳에는 깨달음에서 물러나지 않고 정진하는 불퇴전의 지위에 오른 보살들이 많이 머물러 있다.

오묘한 음악 소리가 저절로 흘러나와 미묘하고 깊은 대승의 법을 말하고 있는데, 그 법문을 듣는 중생은 '최상의 행복인 부처님 세상으로 가는 길'에서 물러나지 않는다.

曼殊室利
만 수 실 리

彼佛如來　由昔願力　善巧方便　成就佛土
피 불 여 래　유 석 원 력　선 교 방 편　성 취 불 도

圓滿莊嚴　坐菩提座　作如是念.
원 만 장 엄　좌 보 리 좌　작 여 시 념

於未來世　若有衆生　為貪瞋癡之所纏繞　衆病所逼　怨
어 미 래 세　약 유 중 생　위 탐 진 치 지 소 전 요　중 병 소 핍　원

家得便　或時橫死　復由惡業　墮地獄中　受大劇苦
가 득 편　혹 시 횡 사　부 유 악 업　타 지 옥 중　수 대 극 고

彼佛見此　苦惱衆生　為除業障　說此神咒.
피 불 견 차　고 뇌 중 생　위 제 업 장　설 차 신 주

令彼受持　於現世中　得大利益　遠離衆苦　住菩提故.
영 피 수 지　어 현 세 중　득 대 이 익　원 리 중 고　주 보 리 고

卽說咒曰
즉 설 주 왈

문수보살이여,

그 부처님은 전생의 원력으로 비롯된 훌륭한 방편으로 부처님의 국토를 완성하여 아름다운 모습으로 오롯이 장엄한 깨달음을 얻고는 이렇게 생각하였다.

'오는 세상에 어떤 중생이 욕심내고 성내는 어리석은 삶 속에서 온갖 병고에 시달리며, 원수가 노리거나 혹은 악업으로 횡사하여 지옥에 떨어져 참으로 극심한 고통을 받더라도,

나는 이 고뇌 속의 모든 중생을 보고 그들의 업장을 제거하기 위해 신주를 설하여 그들이 받아 지니도록 할 것이다.

이는 현세에서 큰 이익을 얻어 온갖 고통을 멀리 여의고 부처님의 세상에 머물게 하려는 것이기 때문이다.'

그리고는 곧 주문을 말하였다.

금색보광묘행성취 약사여래 다라니

달질타 실제실제 소실제 모절이 목찰이 목제비목제 암
말려 비말려 망알예 히란야 아비갈라달나 아비살바알
타 바단이 발라마알타 사단이말날세 마하마날세 알보
제 알실보제 비다바예 소발니 발라함마 구사구 발라함
마 주사제살바 알제수 아발라시제 살발달라 아발라 저
할제 절도쇄 슬발타구지 바사제 납마사바 달타알다남
사바하.

爾時世尊　說此大力　大明咒時
이 시 세 존　설 차 대 력　대 명 주 시

衆中所有　諸大菩薩　四大天王[1]　釋梵王[2]等　讚言.
중 중 소 유　제 대 보 살　사 대 천 왕　석 범 왕 등　찬 언

善哉善哉　大悲世尊
선 재 선 재　대 비 세 존

能說如是　過去如來　大力神咒　為欲饒益　無量衆生
능 설 여 시　과 거 여 래　대 력 신 주　위 욕 요 익　무 량 중 생

竭煩惱海　登涅槃岸　除去疾病　所願皆滿.
갈 번 뇌 해　등 열 반 안　제 거 질 병　소 원 개 만

---

1. 사대천왕은 제석천의 명을 받아 부처님 법을 지키는 동방의 지국천왕, 서방의 광목천왕, 남방의 증장천왕, 북방의 다문천왕을 말한다. 다문천왕多聞天王은 항상 부처님의 도량을 지키면서 부처님의 설법을 듣는다 하여 다문이라고 한다. 다문천왕은 그의 권속으로 야차와 나찰을 거느리고 있어 야차대장이라고도 한다.
2. 석범천은 제석천과 범천을 이르는 말이다. 제석천은 도리천에 머무르면서 사천왕을 거느리고 불법을 옹호하며, 불법에 귀의하는 사람들을 보호한다. 범천梵天은 '범왕梵王'이라고도 한다. 색계色界 초선천初禪天의 왕으로 제석천왕과 함께 부처님의 법을 지키는 호법신이다.

그때 세존께서 커다란 힘과 밝은 광명을 지닌 이 주문을 설하시자 대중 가운데 있던 큰 보살님, 사대천왕, 제석천, 범천이 모두 함께 찬탄하였다.

"참으로 좋고도 좋은 일입니다. 크게 자비로우신 세존이시여, 이처럼 지난날 황금빛의 오묘한 삶 여래께서 '부처님의 힘이 흘러나오는 신통한 주문'을 설하시어 헤아릴 수 없이 많은 중생을 이롭게 하고자 하셨으니,

그들의 온갖 번뇌는 남김없이 사라지고 열반의 피안에 올라 모든 질병에서 벗어나며 원하는 바 모든 것이 다 이루어질 것입니다."

佛告大衆
불고대중

若有淨信　男子女人　國王王子　大臣輔相　中宮婇女
약유정신　남자여인　국왕왕자　대신보상　중궁채녀

情希福德　於此神咒　起敬信心.
정희복덕　어차신주　기경신심

若讀若誦　若爲他人　演說其義　於諸含識　起大悲心.
약독약송　약위타인　연설기의　어제함식　기대비심

晝夜六時　香華燈燭　慇重供養.　清淨澡浴　持八戒齋
주야육시　향화등촉　은중공양　청정조욕　지팔계재

至誠念誦　所有極重　無邊業障　悉皆消滅　於現身中
지성념송　소유극중　무변업장　실개소멸　어현신중

離諸煩惱　命欲終時　諸佛護念　卽於彼國　蓮花化生.
이제번뇌　명욕종시　제불호념　즉어피국　연화화생

부처님께서 대중에게 말씀하셨다.

"만약 깨끗한 믿음을 지닌 선남자, 선여인, 임금, 왕자, 대신, 관리, 왕후, 궁녀들이 복덕을 얻으려면 이 신주를 공경하고 믿어야 한다.

이 신주를 받아 지녀 독송하고 다른 사람을 위해서 그 뜻을 일러주며 모든 중생에게 크게 자비로운 마음을 내어야 한다. 밤낮으로 향기로운 향이나 아름다운 꽃, 밝은 등불이나 환한 촛불로 정성껏 공양하여야 한다.

깨끗이 목욕한 뒤 '팔관재계'를 지키면서 지극정성으로 읽고 외운다면 한없이 무겁던 모든 업장이 전부 다 없어져, 현세에서 온갖 번뇌를 여의고 임종할 때 모든 부처님이 지키고 보호하니, 곧 부처님의 세상에서 연꽃처럼 피어날 것이다."

復次　曼殊室利　東方去此　過七殑伽　河沙佛土　有世
부차　만수실리　동방거차　과칠긍가　하사불토　유세

界　名曰　無憂　佛號　無憂最勝吉祥如來　應正等覺.
계　명왈　무우　불호　무우최승길상여래　응정등각

今現在彼　為眾說法.
금현재피　위중설법

又彼如來　所居佛土　廣博嚴淨.　地平如掌　皆以寶成
우피여래　소거불토　광박엄정　지평여장　개이보성

細滑柔軟　常有香氣.　無憂苦聲　離諸煩惱　亦無惡趣
세활유연　상유향기　무우고성　이제번뇌　역무악취

及女人名.　處處皆有　金砌浴池　香水盈滿　寶樹行列.
급여인명　처처개유　금체욕지　향수영만　보수행렬

花果滋茂　勝妙音樂　不鼓自鳴　譬如西方　極樂世界
화과자무　승묘음악　불고자명　비여서방　극락세계

無量壽國　功德莊嚴.
무량수국　공덕장엄

5장. 무우최승 길상 여래

또 문수보살이여, 여기에서 동쪽으로 갠지스강 모래알 수보다 일곱 배나 많은 부처님의 국토를 지나 한 세계가 있는데, 그 세계의 이름은 '근심 걱정이 없는 세상[無憂]'이다. 그 세계의 부처님 명호는 '근심 없는 상서로운 부처님[無憂最勝 吉祥如來]'인데 지금도 중생들을 위하여 법을 설하시고 있다.

그 부처님이 계시는 국토는 크고 넓고 깨끗하며 손바닥처럼 평평하다. 모두 보배로 이루어지고 나긋나긋하며 늘 향기가 있다. 근심과 걱정으로 괴로워하는 소리도 없고 온갖 번뇌가 사라졌으며 또 나쁜 곳도 없으며 여인이란 개념조차 없다. 곳곳이 다 금으로 장식되었고 몸을 씻는 맑은 연못이 있으며 향기로운 물이 가득 차 있고 줄지어 서 있는 보배 나무가 있다.

아름다운 꽃과 맛있는 과일이 풍부하고, 수승하고 오묘한 음악이 악기를 연주하지 않아도 저절로 흘러나오니, 마치 공덕으로 장엄한 서방의 극락세계 영원한 생명 부처님 국토와 같다.

曼殊室利　彼佛世尊　行菩薩道時　發四大願　云何爲四
만수실리　피불세존　행보살도시　발사대원　운하위사

第一大願　願我來世　得菩提時　若有衆生　常爲憂苦
제일대원　원아내세　득보리시　약유중생　상위우고

之所纏逼　若聞我名　至心稱念　由是力故　所有憂悲
지소전핍　약문아명　지심칭념　유시력고　소유우비

及諸苦惱　悉皆消滅　長壽安穩　乃至菩提.
급제고뇌　실개소멸　장수안온　내지보리

第二大願　願我來世　得菩提時　若有衆生　造諸惡業
제이대원　원아내세　득보리시　약유중생　조제악업

生在無間　黑暗之處　大地獄中　受諸苦惱　由彼前身
생재무간　흑암지처　대지옥중　수제고뇌　유피전신

聞我名字　我於爾時　身出光明　照受苦者　由是力故
문아명자　아어이시　신출광명　조수고자　유시력고

彼見光時　所有業障　悉皆消滅　解脫衆苦　生人天中
피견광시　소유업장　실개소멸　해탈중고　생인천중

隨意受樂　乃至菩提.
수의수락　내지보리

문수보살이여, 그 부처님께서 보살의 삶을 살아갈 때 네 가지 큰 서원을 세웠으니 그것이 무엇이냐?

첫 번째 큰 서원은,

"바라옵건대 내가 오는 세상에서 깨달음을 얻었을 때, 어떤 중생이 늘 근심과 걱정의 괴로움 속에 묶여 있다가 나의 이름을 듣고 지극한 마음으로 내 명호를 부른다면, 이 공덕으로 온갖 근심과 슬픔에서 오는 애타는 마음이 다 없어져 편안하게 오래 살리니, 이들 모두 부처님의 세상을 얻게 하소서."라고 발원한 것이다.

두 번째 큰 서원은,

"바라옵건대 내가 오는 세상에서 깨달음을 얻었을 때, 어떤 중생이 온갖 악업으로 무간지옥에 떨어져 별의별 고초를 받더라도, 그들이 전생에 나의 명호를 들은 것만으로도 나의 몸에서 광명을 뿜어 그들에게 비추리니, 이 힘으로 그들은 이 광명을 보고 모든 업장이 남김없이 없어져서 온갖 고통에서 벗어나 인천人天에 태어나고 마음먹은 대로 즐거움을 누리리니, 이들 모두 부처님의 세상을 얻게 하소서."라고 발원한 것이다.

第三大願　願我來世　得菩提時　若有眾生　造諸惡業
제삼대원　원아내세　득보리시　약유중생　조제악업

殺盜邪淫　於其現身　受刀杖苦　當墮惡趣　設得人身
살도사음　어기현신　수도장고　당타악취　설득인신

短壽多病　生貧賤家　衣服飲食　悉皆乏少　常受寒熱
단수다병　생빈천가　의복음식　실개핍소　상수한열

饑渴等苦　身無光色　所感眷屬　皆不賢良　若聞我名
기갈등고　신무광색　소감권속　개불현량　약문아명

至心稱念　由是力故　隨所願求　飲食衣服　悉皆充足
지심칭념　유시력고　수소원구　음식의복　실개충족

如彼諸天　身光可愛　得善眷屬　乃至菩提.
여피제천　신광가애　득선권속　내지보리

第四大願　願我來世　得菩提時　若有眾生　常為藥叉
제사대원　원아내세　득보리시　약유중생　상위야차

諸惡鬼神　之所嬈亂　奪其精氣　受諸苦惱　若聞我名
제악귀신　지소요란　탈기정기　수제고뇌　약문아명

至心稱念　由是力故　諸藥叉等　悉皆退散　各起慈心
지심칭념　유시력고　제야차등　실개퇴산　각기자심

解脫眾苦　乃至菩提.
해탈중고　내지보리

세 번째 큰 서원은,

"바라옵건대 내가 오는 세상에서 깨달음을 얻었을 때, 어떤 중생이 살생, 도둑질, 삿된 음행 등 온갖 악업을 저질러 칼과 몽둥이로 고통을 받고 나쁜 세상에 떨어지거나, 설사 사람의 몸을 받더라도 병이 많고 수명이 짧으며, 가난한 집안에 태어나 옷과 음식이 늘 부족하여 추위, 더위, 굶주림, 목마름과 같은 고통을 받아 몸에는 윤기가 없으며, 가까운 권속들이 다 어질고 현명하지 못하더라도, 나의 이름을 듣고 지극한 마음으로 나의 명호를 부른다면, 이 공덕으로 바라는 대로 옷과 음식이 모두 충족되고 천인天人처럼 몸에서 부드러운 광택이 나며 주변에 좋은 권속들이 생기리니, 이들 모두 부처님의 세상을 얻게 하소서."라고 발원한 것이다.

네 번째 큰 서원은, "바라옵건대 내가 오는 세상에서 깨달음을 얻었을 때, 어떤 중생이 늘 야차나 나쁜 귀신들에게 둘러싸여 정기를 빼앗기고 갖은 고통을 받다가도, 나의 이름을 듣고 지극한 마음으로 나의 명호를 부른다면, 이 공덕으로 야차와 귀신들이 자비로운 마음을 일으켜 전부 물러나 흩어지기에 온갖 괴로움에서 벗어나리니, 이들 모두 부처님의 세상을 얻게 하소서."라고 발원한 것이다.

曼殊室利
만수실리

是為彼佛如來　應正等覺　所發四種　微妙大願.
시위피불여래　응정등각　소발사종　미묘대원

若有眾生　聞彼佛名　晝夜六時　稱名禮敬　至心供養
약유중생　문피불명　주야육시　칭명예경　지심공양

於眾生處　起慈悲心　業障消滅　解脫憂苦　無病長壽
어중생처　기자비심　업장소멸　해탈우고　무병장수

得宿命智　於諸佛土　蓮花化生　常為諸天之所衛護.
득숙명지　어제불토　연화화생　상위제천지소위호

曼殊室利　稱彼佛名　能生如是　無量福業　而彼佛土
만수실리　칭피불명　능생여시　무량복업　이피불토

願力莊嚴　殊勝功德　聲聞獨覺　所不能知　唯除如來
원력장엄　수승공덕　성문독각　소불능지　유제여래

應正等覺.
응정등각

문수보살이여, 이것이 '근심 없는 상서로운 부처님'이 보살의 삶을 살아갈 때 발원한 네 가지 미묘한 큰 서원이니라.

어떤 사람이 그 부처님의 이름을 듣고 밤낮으로 명호를 부르며 예불 공경하고 지극한 마음으로 공양하며 중생들에게 자비로운 마음을 일으키면, 업장이 모두 다 없어져 근심과 걱정에서 벗어나 무병장수하고 전생을 아는 지혜를 얻어, 모든 부처님의 국토에서 연꽃처럼 피어나 늘 하늘 신의 보호를 받는다.

문수보살이여, 그 부처님의 명호를 부르면 이와 같은 무량한 복덕이 생기니, 그 부처님의 국토에서 원력으로 장엄한 남다른 공덕은 성문이나 독각이 알지 못하며 오직 '근심 없는 상서로운 부처님'만 알 수 있다.

復次　曼殊室利　東方去此　過八殑伽　河沙佛土
부차　만수실리　동방거차　과팔긍가　하사불토

有世界　名曰　法幢　佛號　法海雷音如來　應正等覺
유세계　명왈　법당　불호　법해뢰음여래　응정등각

今現說法.
금현설법

曼殊室利　彼佛世尊　所居國土　淸淨無穢　其地平正
만수실리　피불세존　소거국토　청정무예　기지평정

頗梨¹ 所成　常有光明　香氣芬馥.　以帝靑寶　而爲城
파리 소성　상유광명　향기분복　이제청보　이위성

郭　有八街道　砌以金銀　樓閣殿堂　飛甍戶牖　欄楯莊
곽　유팔가도　체이금은　누각전당　비맹호유　난순장

飾　皆衆寶成.
식　개중보성

---

1. 파리頗梨는 하얀 수정을 말한다.

6장. 법해 뇌음 여래

또 문수보살이여, 여기에서 동쪽으로 갠지스강 모래알 수보다 여덟 곱이나 많은 부처님의 국토를 지나 한 세계가 있는데, 그 세계의 이름은 '법의 깃발 세상[法幢]'이다. 그 부처님 명호는 '우레 같은 온갖 법의 부처님[法海 雷音 如來]'인데 지금도 중생을 위하여 법을 설하고 있다.

문수보살이여, 그 부처님께서 계시는 국토는 맑고 깨끗하여 더러움이 없다. 땅은 평평하며 빛나는 수정으로 이루어져 늘 빛이 나고 향기로운 꽃향기가 가득하다. 제석천의 푸른 보석으로 성곽을 쌓고 사방팔방의 거리는 금은으로 장식되었으며 누각, 전당, 날아오를 듯한 용마루, 문, 창문, 난간이 모두 갖가지 보배로 아름답게 꾸며졌다.

天香寶樹　隨處行列　於其枝上　掛以天繒　復有寶鈴
천향보수　수처행렬　어기지상　괘이천증　부유보령

處處垂下　微風吹動　出妙音聲　演暢無常　苦空無我.
처처수하　미풍취동　출묘음성　연창무상　고공무아

衆生聞者　捨離欲纏　習氣漸除　證甚深定.　天妙香花
중생문자　사리욕전　습기점제　증심심정　천묘향화

繽紛而下　於其四面　有八浴池.　底布金沙　香水彌滿.
빈분이하　어기사면　유팔욕지　저포금사　향수미만

曼殊室利
만수실리

於彼佛土　無諸惡趣　亦無女人　蓮花化生　無復煩惱.
어피불토　무제악취　역무여인　연화화생　무부번뇌

彼佛如來　行菩薩道時　發四大願　云何為四.
피불여래　행보살도시　발사대원　운하위사

84

하늘의 향기가 나는 보배 나무는 곳곳마다 줄을 지어 서 있으며, 그 가지에는 하늘나라의 아름다운 비단이 늘어지고 또 보배 방울이 곳곳에 달려 있어 부드러운 바람이 불 때마다 미묘한 소리가 나면서 무상無常, 고苦, 공空, 무아無我의 이치를 설한다. 중생들은 이 법문을 듣고 애욕을 버리며 잘못된 버릇을 점차 고쳐 깊고 깊은 선정에 들어간다. 또 천상의 미묘한 향을 지닌 꽃이 아름답게 흩날리고 사방으로 여덟 개의 몸을 씻는 맑은 연못이 있는데 그 바닥은 금모래가 깔려 있고 향기로운 물로 가득 차 있다.

문수보살이여, 나쁜 세상이 없고 여인이란 개념조차도 없는 그 부처님의 국토에서 중생들이 깨달아 연꽃처럼 피어나니 다시는 번뇌가 없다. 그 부처님께서 보살의 삶을 살아갈 때 네 가지 큰 서원을 세웠으니 그것이 무엇이냐?

第一大願 願我來世 得菩提時 若有衆生 生邪見家
제일대원 원아내세 득보리시 약유중생 생사견가

於佛法僧 不生淨信 遠離無上 菩提之心 若聞我名
어불법승 불생정신 원리무상 보리지심 약문아명

至心稱念 由是力故 無明邪慧 日夜消滅 於三寶所
지심칭념 유시력고 무명사혜 일야소멸 어삼보소

深生正信 不復退轉 乃至菩提.
심생정신 불부퇴전 내지보리

第二大願 願我來世 得菩提時 若有衆生 生在邊地
제이대원 원아내세 득보리시 약유중생 생재변지

由近惡友 造衆罪業 不修善品 三寶名字 曾不經耳
유근악우 조중죄업 불수선품 삼보명자 증불경이

命終之後 墮三惡趣 彼諸衆生 暫聞我名者 由是力故
명종지후 타삼악취 피제중생 잠문아명자 유시력고

業障消除 遇善知識 不墮惡趣 乃至菩提.
업장소제 우선지식 불타악취 내지보리

첫 번째 큰 서원은,

"바라옵건대 내가 오는 세상에서 깨달음을 얻었을 때, 어떤 중생이 삿된 소견을 지닌 집안에 태어나 삼보에 대한 깨끗한 믿음이 없어 최상의 깨달음을 멀리하다가도 나의 이름을 듣고 지극한 마음으로 나의 명호를 부른다면, 이 공덕으로 무명 또는 삿된 지혜가 금방 없어져서 삼보에 깊은 믿음을 내고 다시는 깨달음의 길에서 물러나지 않고 정진하리니, 이들 모두 부처님의 세상을 얻게 하소서."라고 발원한 것이다.

두 번째 큰 서원은,

"바라옵건대 내가 오는 세상에서 깨달음을 얻었을 때, 어떤 중생이 좋지 않은 환경에서 태어나 나쁜 벗을 가까이함으로 써 온갖 죄업을 짓게 되고 착한 일을 하지 않으며 삼보의 이름도 들은 적이 없어 죽은 뒤 삼악도에 떨어지더라도, 그 중생이 잠깐이나마 나의 이름을 들었다면, 이 공덕으로 선지 식을 만나 업장이 모두 다 없어지고 삼악도에 떨어지지 않으 리니, 이들 모두 부처님의 세상을 얻게 하소서."라고 발원한 것이다.

第三大願　願我來世　得菩提時　若有衆生　衣服飮食
제삼대원　원아내세　득보리시　약유중생　의복음식

臥具醫藥　資生所須　悉皆乏少　由此因緣　生大憂苦
와구의약　자생소수　실개핍소　유차인연　생대우고

爲求覓故　造衆惡業　若聞我名　至心稱念　由是力故
위구멱고　조중악업　약문아명　지심칭념　유시력고

所有乏少　隨念皆得　乃至菩提.
소유핍소　수념개득　내지보리

第四大願　願我來世　得菩提時　若有衆生　由先惡業
제사대원　원아내세　득보리시　약유중생　유선악업

共相鬪諍　作不饒益　弓箭刀杖　互爲傷損　若聞我名
공상투쟁　작불요익　궁전도장　호위상손　약문아명

至心稱念.　由是力故　各起慈心　不相損害　不善之念
지심칭념　유시력고　각기자심　불상손해　불선지념

尚自不生　況於前人　欲斷其命.　常行喜捨　乃至菩提.
상자불생　황어전인　욕단기명　상행희사　내지보리

88

세 번째 큰 서원은,

"바라옵건대 내가 오는 세상에서 깨달음을 얻었을 때, 어떤 중생이 옷이나 음식, 침구, 의약, 살림살이에 필요한 모든 것이 부족하여 큰 고통을 당하다가 이를 구하기 위하여 온갖 악업을 저지르더라도 나의 이름을 듣고 지극한 마음으로 나의 명호를 부른다면, 이 공덕으로 부족한 모든 것이 생각대로 채워지리니, 이들 모두 부처님의 세상을 얻게 하소서."라고 발원한 것이다.

네 번째 큰 서원은,

"바라옵건대 내가 오는 세상에서 깨달음을 얻었을 때, 어떤 중생들이 전생의 악업으로 서로 다투고 자신의 이익만을 챙겨 활, 칼, 몽둥이로 서로 해치다가도, 나의 이름을 듣고 지극한 마음으로 나의 명호를 부른다면, 이 공덕으로 저마다 자비로운 마음을 내어 다른 사람의 목숨을 끊으려는 마음을 내기는커녕 서로 해치지 않으며 나쁜 생각조차 하지 않아 늘 기쁜 마음으로 남을 차별하지 않으리니, 이들 모두 부처님의 세상을 얻게 하소서."라고 발원한 것이다.

曼殊室利　是爲彼佛如來　應正等覺　行菩薩道時
만수실리　시위피불여래　응정등각　행보살도시

所發四種　微妙大願.
소발사종　미묘대원

若有淨信　男子女人　聞彼佛名　至心禮敬　慇懃供養
약유정신　남자여인　문피불명　지심예경　은근공양

受持念誦　業障消滅　得不退轉　菩提之心　具宿命智
수지염송　업장소멸　득불퇴전　보리지심　구숙명지

所生之處　常得見佛　無病長壽　命終之後　生彼國中
소생지처　상득견불　무병장수　명종지후　생피국중

衣服飮食　資生之具　隨念皆至　無所乏少.
의복음식　자생지구　수념개지　무소핍소

曼殊室利　彼佛世尊　具足如是　無量功德　是故衆生
만수실리　피불세존　구족여시　무량공덕　시고중생

常當憶念　勿令忘失.
상당억념　물령망실

문수보살이여,
이것이 '온갖 법이 우레와 같은 부처님'이 보살의 삶을 살아갈
때 세웠던 네 가지 미묘한 큰 서원이니라.

만약 깨끗한 믿음을 지닌 선남자 선여인이 이 부처님의 명호
를 듣고 지극한 마음으로 예배 공경하며 정성껏 공양하고 그
명호를 받아 지녀 읽고 외운다면, 업장이 모두 다 없어져 깨달
음에서 물러나지 않고 정진하여 전생을 아는 지혜를 갖출 것
이며, 태어나는 곳에서 언제나 부처님을 뵐 수 있고 병이 없이
오래 살며 임종한 뒤에는, 그 부처님의 국토에 태어나 옷,
음식, 살림살이가 원하는 대로 마련되어 부족할 게 없다.

문수보살이여,
그 부처님은 이와 같은 한량없는 공덕을 다 갖추고 있으니,
이 때문에 중생은 그 부처님을 항상 기억하고 잊지 않도록
해야 한다.

復次　曼殊室利　東方去此　過九殑伽　河沙佛土　有世
부차　만수실리　동방거차　과구긍가　하사불토　유세

界　名曰　善住寶海　佛號　法海勝慧遊戲神通如來　應
계　명왈　선주보해　불호　법해승혜유희신통여래　응

正等覺　現在說法.
정등각　현재설법

曼殊室利　彼佛如來　行菩薩道時　發四大願　云何為四
만수실리　피불여래　행보살도시　발사대원　운하위사

第一大願　願我來世　得菩提時　若有衆生　造衆惡業
제일대원　원아내세　득보리시　약유중생　조중악업

種植耕耘　損諸生命　或復興易　欺誑他人　戰陣兵戈
종식경운　손제생명　혹부흥역　기광타인　전진병과

常為殺害　若聞我名　至心稱念　由是力故　資生之具
상위살해　약문아명　지심칭념　유시력고　자생지구

不假營求　隨心滿足　常修衆善　乃至菩提.
불가영구　수심만족　상수중선　내지보리

또 문수보살이여, 여기에서 동쪽으로 갠지스강 모래알 수보다 아홉 곱이나 많은 부처님의 국토를 지나 한 세계가 있는데, 그 세계의 이름은 '보배 바다에 사는 세상[善住寶海]'이다. 그 부처님의 명호는 '법의 바다 신통 지혜 부처님[法海勝慧 遊戱神通 如來]'이신데 지금도 중생을 위하여 법을 설하고 있다.

문수보살이여, 그 부처님께서 보살의 삶을 살아갈 때 네 가지 큰 서원을 세웠으니 그것이 무엇이냐?

첫 번째 큰 서원은, "바라옵건대 내가 오는 세상에서 깨달음을 얻었을 때, 어떤 중생이 나쁜 업으로 씨앗을 뿌리고 밭을 갈다가 미물들의 생명을 해치기도 하고, 물건을 팔면서 남을 속이기도 하며, 전쟁터에서 칼과 창으로 상대를 죽이게 되더라도, 나의 이름을 듣고 지극한 마음으로 나의 명호를 부른다면, 이 공덕으로 살림살이를 구하지 않아도 마음먹은 대로 다 채워지고 언제나 좋은 일만 하게 되리니, 이들 모두 부처님의 세상을 얻게 하소서."라고 발원한 것이다.

第二大願　願我來世　得菩提時　若有衆生　造十惡業[1]
제이대원　원아내세　득보리시　약유중생　조십악업

殺生等罪　由此因緣　當墮地獄　若聞我名　至心稱念
살생등죄　유차인연　당타지옥　약문아명　지심칭념

於十善道　皆得成就　不墮惡趣　乃至菩提.
어십선도　개득성취　불타악취　내지보리

第三大願　願我來世　得菩提時　若有衆生　不得自在
제삼대원　원아내세　득보리시　약유중생　부득자재

繫屬於他　或被禁繫　杻械枷鎖　鞭杖苦楚　乃至極刑
계속어타　혹피금계　뉴계가쇄　편장고초　내지극형

若聞我名　至心稱念　由是力故　所有厄難　皆得解脫
약문아명　지심칭념　유시력고　소유액난　개득해탈

乃至菩提.
내지보리

---

1. 몸과 입과 뜻으로 짓는 이 열 가지 좋은 업을 합쳐 '십선十善'이라 하고, 그 반대는 '십악十惡'이라 한다. 부처님이나 보살처럼 지혜로운 마음을 쓰면 십선이 되고, 중생처럼 어리석은 마음을 쓰면 십악이 된다. 십악은 '십불선업十不善業'이라고도 한다. 곧 살생殺生·투도偸盜·사음邪淫·망어妄語·기어綺語·악구惡口·양설兩舌·탐욕貪慾·진에瞋恚·사견邪見을 통틀어 일컫는 말이다.

두 번째 큰 서원은,

"바라옵건대 내가 오는 세상에서 깨달음을 얻었을 때, 어떤 중생이 살생 같은 온갖 악업을 저질러 지옥에 떨어지더라도, 나의 이름을 듣고 지극한 마음으로 나의 명호를 부른다면, 이 공덕으로 온갖 좋은 삶을 살아가며 삼악도에 떨어지지 않으리니, 이들 모두 부처님 세상을 얻게 하소서."라고 발원한 것이다.

세 번째 큰 서원은,

"바라옵건대 내가 오는 세상에서 깨달음을 얻었을 때, 어떤 중생들이 자재하지 못한 까닭으로 남에게 얽매여서 죄를 짓고 쇠고랑이나 칼, 쇠사슬, 채찍, 몽둥이로 갖은 고초를 당하여 극형에 처하게 되더라도 나의 이름을 듣고 지극한 마음으로 나의 명호를 부른다면, 이 공덕으로 온갖 횡액과 재난에서 다 벗어나리니, 이들 모두 부처님의 세상을 얻게 하소서."라고 발원한 것이다.

第四大願　願我來世　得菩提時　若有衆生　造衆惡業
제 사 대 원　원 아 내 세　득 보 리 시　약 유 중 생　조 중 악 업

不信三寶　隨虛妄見　棄背正理　愛樂邪徒　謗毀佛經
불 신 삼 보　수 허 망 견　기 배 정 리　애 요 사 도　방 훼 불 경

言非聖說　外道典籍　恭敬受持　自作教人　俱生迷惑
언 비 성 설　외 도 전 적　공 경 수 지　자 작 교 인　구 생 미 혹

當墮地獄　無有出期　設得為人　生八難處　遠離正道
당 타 지 옥　무 유 출 기　설 득 위 인　생 팔 난 처　원 리 정 도

盲無慧目　如是之人　若聞我名　至心稱念　由是力故
맹 무 혜 목　여 시 지 인　약 문 아 명　지 심 칭 념　유 시 력 고

臨命終時　正念現前　解脫衆難　常生中國　受勝妙樂
임 명 종 시　정 념 현 전　해 탈 중 난　상 생 중 국　수 승 묘 락

乃至菩提.
내 지 보 리

曼殊室利　是為彼佛如來應正等覺　行菩薩道時　所發
만 수 실 리　시 위 피 불 여 래 응 정 등 각　행 보 살 도 시　소 발

四種　微妙大願.　曼殊室利　彼佛國土　功德莊嚴　與上
사 종　미 묘 대 원　만 수 실 리　피 불 국 토　공 덕 장 엄　여 상

妙寶　如來世界　等無有異.
묘 보　여 래 세 계　등 무 유 이

네 번째 큰 서원은,

"바라옵건대 내가 오는 세상에서 깨달음을 얻었을 때, 어떤 중생이 온갖 악업으로 삼보를 믿지 않고 허망한 견해를 좇아 올바른 이치를 등지며, 삿된 무리를 좋아하고 부처님의 가르침을 비방하며 성인의 가르침이 아닌 것을 말하고, 외도의 가르침을 공경하고 받아 지녀 다른 사람을 가르치며, 함께 어리석은 마음을 내어 결국 지옥에 떨어져 빠져나올 기약이 없게 되고, 설사 사람 몸을 받아도 수행하기 어려워 바른길을 멀리하고 지혜로운 안목이 없는 이런 사람들이 나의 이름을 듣고 지극정성 나의 명호를 부른다면, 이 공덕으로 임종할 때 바른 견해를 갖추게 되어 온갖 어려움을 벗어나 언제나 좋은 나라에서 오묘하고 수승한 즐거움을 누리리니, 이들 모두 부처님의 세상을 얻게 하소서."라고 발원한 것이다.

문수보살이여, 이것이 '법의 바다 신통 지혜 부처님'이 보살의 삶을 살아갈 때 세웠던 네 가지 미묘한 큰 서원이다.

문수보살이여, 그 부처님의 국토를 공덕으로 장엄하는 것은 위에서 말한 '묘한 보배 세상[妙寶]'과 똑같아 다를 것이 없다.

復次　曼殊室利　東方去此　過十殑伽　河沙佛土　有世
부차　만수실리　동방거차　과십긍가　하사불토　유세

界　名淨琉璃.　佛號　藥師琉璃光如來　應正等覺.
계　명정유리　불호　약사유리광여래　응정등각

曼殊室利　彼佛世尊　從初發心　行菩薩道時　發十二大
만수실리　피불세존　종초발심　행보살도시　발십이대

願　云何十二.
원　운하십이

第一大願　願我來世　得菩提時　自身光明　照無邊界
제일대원　원아내세　득보리시　자신광명　조무변계

三十二相八十隨好[1]　莊嚴其身　令諸有情　如我無異.
삼십이상팔십수호　장엄기신　영제유정　여아무이

---

1. 부처님의 육신이나 전륜성왕의 몸에 갖추어져 있는 거룩한 용모와 형상 중에서 특히 현저하게
   뛰어난 서른두 가지를 가려서 '삼십이상'이라 한다. 또한 '팔십종호'는 '팔십수형호八十隨形好'라고
   도 하는데, 부처님의 몸에 갖추어진 미묘한 모습이다. 팔십종호는 32상에 따르는 잘생긴 모양이라는
   뜻으로 32상을 다시 세밀하게 나누어 놓은 것이다.

8장. 약사유리광 여래

또 문수보살이여, 여기에서 동쪽으로 갠지스강 모래알 수보다 열 곱이나 많은 부처님 국토를 지나 한 세계가 있는데, 그 세계의 이름은 '맑고 투명한 유리 세상[淨瑠璃]'이다. 그 세계의 부처님 명호는 약효를 잘 알아 병을 고치시는 '약사유리광 여래 부처님'이다.

문수보살이여, 그 부처님께서 처음 발심한 뒤 보살의 삶을 살아갈 때 열두 가지 큰 서원을 세웠으니 그것이 무엇이냐?

첫 번째 큰 서원은,

"바라옵건대 내가 오는 세상에서 깨달음을 얻었을 때, 내 몸에서 광명이 뻗어 끝없이 넓은 세계를 비추어 삼십이상 팔십종호로 그들의 몸을 장엄하여 모든 중생이 나와 다름이 없게 하소서."라고 발원한 것이다.

第二大願　願我來世　得菩提時　身如琉璃　內外清徹
제이대원　원아내세　득보리시　신여유리　내외청철

光明廣大　遍滿諸方　焰網莊嚴　過於日月　鐵圍中間
광명광대　변만제방　염망장엄　과어일월　철위중간

幽冥之處　互得相見　或於此界　暗夜遊行　斯等眾生
유명지처　호득상견　혹어차계　암야유행　사등중생

見我光明　悉蒙開曉　隨作眾事.
견아광명　실몽개효　수작중사

第三大願　願我來世　得菩提時　以無量無邊　智慧方便
제삼대원　원아내세　득보리시　이무량무변　지혜방편

令諸有情　所受用物　皆得無盡.
영제유정　소수용물　개득무진

第四大願　願我來世　得菩提時　若諸有情　行邪道者
제사대원　원아내세　득보리시　약제유정　행사도자

悉令遊履　菩提正路　若行聲聞　獨覺乘者　亦令安住
실령유리　보리정로　약행성문　독각승자　역령안주

大乘法中.
대승법중

두 번째 큰 서원은,

"바라옵건대 내가 오는 세상에서 깨달음을 얻었을 때, 몸이 맑고 투명한 유리처럼 안팎이 투명하고 그 광명이 널리 시방 세계를 두루 비추며, 불길처럼 타오르는 빛의 장엄은 해와 달보다 더 찬란하여 깜깜한 철위산 가운데 깊고 깊은 곳에서도 서로 볼 수 있어 이 사바세계 어두운 밤에 노니는 중생들도 나의 광명을 보고 모두 마음이 열려 온갖 일을 처리할 수 있게 하소서."라고 발원한 것이다.

세 번째 큰 서원은,

"바라옵건대 내가 오는 세상에서 깨달음을 얻었을 때, 헤아릴 수 없는 지혜 방편으로 모든 중생의 살림살이가 조금도 부족함이 없게 하소서."라고 발원한 것이다.

네 번째 큰 서원은,

"바라옵건대 내가 오는 세상에서 깨달음을 얻었을 때, 중생들이 삿된 도를 행하고 있다면 그들이 모두 깨달음의 올바른 길로 가게하고, 성문이나 독각의 가르침을 따르는 사람도 대승의 법 가운데 편안히 머무르게 하소서."라고 발원한 것이다.

第五大願　願我來世　得菩提時　若諸有情　於我法中
제오대원　원아내세　득보리시　약제유정　어아법중

修行梵行　一切皆令　得不缺戒　善防三業　無有毀犯
수행범행　일체개령　득불결계　선방삼업　무유훼범

墮惡趣者.　設有毀犯　聞我名已　專念受持　至心發露
타악취자　설유훼범　문아명이　전념수지　지심발로

還得淸淨　乃至菩提.
환득청정　내지보리

第六大願　願我來世　得菩提時　若諸有情　諸根不具
제육대원　원아내세　득보리시　약제유정　제근불구

醜陋頑愚　聾盲喑啞　攣躄背僂　白癩癲狂　種種病苦
추루완우　롱맹암아　연벽배루　백라전광　종종병고

之所纏逼　若聞我名　至心稱念　皆得端嚴　衆病除愈.
지소전핍　약문아명　지심칭념　개득단엄　중병제유

다섯 번째 큰 서원은,

"바라옵건대 내가 오는 세상에서 깨달음을 얻었을 때, 모든 중생이 나의 법 가운데서 깨끗한 삶을 살게 하고 부처님의 삶에 어긋나지 않게 하며 몸과 입과 마음을 잘 다스려 파계하지 않게 하며 삼악도에 떨어지는 사람이 없게 하리라. 설사 어떤 중생이 파계하더라도 나의 이름을 듣고 지극정성으로 받아 지녀 지극한 마음으로 그 명호를 드러내면 그 자리에서 맑고 깨끗해지리니, 이들 모두 부처님의 세상을 얻게 하소서."라고 발원한 것이다.

여섯 번째 큰 서원은,

"바라옵건대 내가 오는 세상에서 깨달음을 얻었을 때, 어떤 중생이 불구로서 추악한 모습으로 어리석고 미련한 것, 눈이 안 보이거나 귀가 안 들리며 말을 하지 못하는 것, 앉은뱅이, 곱사등이, 문둥병, 미치광이 등 온갖 병고에 시달리는 처지에 있더라도, 나의 이름을 듣고 지극한 마음으로 나의 명호를 부른다면 모두가 다 정상적인 몸이 되어 온갖 병이 낫게 하소서."라고 발원한 것이다.

第七大願　願我來世　得菩提時　若諸有情　貧窮困苦
제칠대원　원아내세　득보리시　약제유정　빈궁곤고

無有歸趣　衆病所逼　無藥無醫　暫聞我名　衆病消散
무유귀취　중병소핍　무약무의　잠문아명　중병소산

眷屬增盛　資財無乏　身心安樂　乃至菩提.　第八大願
권속증성　자재무핍　신심안락　내지보리　제팔대원

願我來世　得菩提時　若有女人　爲女衆苦　之所逼切
원아내세　득보리시　약유여인　위여중고　지소핍절

極生厭離　願捨女身　若聞我名　至心稱念　卽於現身
극생염리　원사여신　약문아명　지심칭념　즉어현신

轉成男子　具丈夫相　乃至菩提.　第九大願　願我來世
전성남자　구장부상　내지보리　제구대원　원아내세

得菩提時　令諸有情　出魔[1]罥網　復有種種　邪見之徒
득보리시　영제유정　출마견망　부유종종　사견지도

皆當攝受　令生正見　漸令修習　諸菩薩行　乃至菩提.
개당섭수　영생정견　점령수습　제보살행　내지보리

---

1. 공부를 하다보면 '마魔'가 좋은 경계나 나쁜 경계로 나타나서 방해를 놓기도 하는데, 이것을
'마군魔軍'이나 '마구니 경계'라고 부른다. '마魔'는 범어 'māra'를 소리 그대로 표현한 '마라'를
줄여서 말한 것인데, '생명을 빼앗다' '방해하다'의 뜻이다. 또 '악마'라고 하기도 하는데 '우리들의
목숨과도 같은 부처님의 지혜'를 빼앗으려고 수행자의 공부를 방해하는 나쁜 귀신으로 볼 수
있기 때문이다. 어쨌든 마음공부 하는 데에 있어 중생의 마음을 어지럽힐 수 있는 경계는 모두
'마'라고 할 수 있다.

일곱 번째 큰 서원은,

"바라옵건대 내가 오는 세상에서 깨달음을 얻었을 때, 어떤 중생이 곤궁하여 갈 곳이 없고 온갖 병고에 시달리며 의사와 약이 없는 처지에 놓이게 되더라도, 잠시라도 나의 명호를 듣는다면, 온갖 질병이 없어지고 집안이 번성하며 재물이 부족하지 않아 몸과 마음이 안락하게 되리니, 이들 모두 부처님의 세상을 얻게 하소서."라고 발원한 것이다.

여덟 번째 큰 서원은, "바라옵건대 내가 오는 세상에서 깨달음을 얻었을 때, 만약 어떤 여인이 온갖 고통에 시달리고 여인의 몸을 몹시도 싫어하여 그 몸을 버리고자 할 때, 나의 이름을 듣고 지극한 마음으로 나의 명호를 부른다면 곧 현재의 몸에서 남자가 되어 장부의 모습을 갖추리니, 이들 모두 부처님의 세상을 얻게 하소서."라고 발원한 것이다.

아홉 번째 큰 서원은,

"바라옵건대 내가 오는 세상에서 깨달음을 얻었을 때, 모든 중생이 마구니 그물에서 벗어나고 또 삿된 견해를 지닌 사람들은 정견을 내어 시나브로 온갖 보살행을 닦게 되리니, 이들 모두 부처님의 세상을 얻게 하소서."라고 발원한 것이다.

第十大願　願我來世　得菩提時　若諸有情　王法所拘
제십대원　원아내세　득보리시　약제유정　왕법소구

幽禁牢獄　枷鎖鞭撻　至極刑復　復有衆多　苦楚之事
유금뢰옥　가쇄편달　지극형부　부유중다　고초지사

逼切憂惱　無暫樂時　若聞我名　以我福德　威神力故
핍절우뇌　무잠락시　약문아명　이아복덕　위신력고

皆得解脫　一切憂苦　乃至菩提.
개득해탈　일체우고　내지보리

第十一大願　願我來世　得菩提時　若諸有情　饑火所惱
제십일대원　원아내세　득보리시　약제유정　기화소뇌

為求食故　造諸惡業　若聞我名　至心稱念　我當先以上
위구식고　조제악업　약문아명　지심칭념　아당선이상

妙飲食　隨意飽滿　後以法味　令住勝樂　乃至菩提.
묘음식　수의포만　후이법미　영주승락　내지보리

열 번째 큰 서원은,

"바라옵건대 내가 오는 세상에서 깨달음을 얻었을 때, 국법에 저촉된 중생들이 감옥에 갇혀 목에 씌우는 칼이나 쇠사슬, 채찍질로 극형을 당하고 또 온갖 고초에 시달려 잠시도 편안할 겨를이 없다 하더라도, 만약 나의 이름을 듣는다면 나의 복덕이나 위엄과 신통의 힘으로 모든 근심과 고통에서 다 벗어나리니, 이들 모두 부처님의 세상을 얻게 하소서."라고 발원한 것이다.

열한 번째 큰 서원은,

"바라옵건대 내가 오는 세상에서 깨달음을 얻었을 때, 어떤 중생이 굶주림에 시달려 먹을 것을 구하려고 갖은 악업을 짓다가도, 나의 이름을 듣고 지극한 마음으로 나의 명호를 부른다면, 나는 먼저 좋은 음식을 마음껏 먹게 한 뒤 법을 설하여 수승한 즐거움에 머물게 하리니, 이들 모두 부처님의 세상을 얻게 하소서."라고 발원한 것이다.

第十二大願　願我來世　得菩提時　若諸有情　身無衣服
제십이대원　원아내세　득보리시　약제유정　신무의복

蚊虻寒熱　之所逼惱　若聞我名　至心稱念　隨其所好
문맹한열　지소핍뇌　약문아명　지심칭념　수기소호

卽得種種　上妙衣服　寶莊嚴具　伎樂香華　皆令滿足
즉득종종　상묘의복　보장엄구　기악향화　개령만족

離諸苦惱　乃至菩提.
이제고뇌　내지보리

曼殊室利　是爲藥師琉璃光如來應正等覺　行菩薩道時
만수실리　시위약사유리광여래응정등각　행보살도시

所發十二　微妙上願.
소발십이　미묘상원

108

열두 번째 큰 서원은,

"바라옵건대 내가 오는 세상에서 깨달음을 얻었을 때, 옷이 없는 어떤 중생이 모기나 곤충, 추위와 더위에 몹시 시달리더라도, 나의 이름을 듣고 지극한 마음으로 나의 명호를 부른다면, 그들이 원하는 대로 좋은 옷을 얻고 보배로 만든 온갖 악기, 향기로운 향, 아름다운 꽃을 맘껏 다 갖게 하여 모든 고뇌에서 벗어나게 하리니, 이들 모두 부처님의 세상을 얻게 하소서."라고 발원한 것이다.

문수보살이여, 이것이 '약사유리광 여래 부처님'이 보살의 삶을 살아갈 때 발원한 열두 가지 미묘한 큰 서원이니라.

爾時佛告　曼殊室利　彼藥師琉璃光如來　行菩薩道時
이시불고　만수실리　피약사유리광여래　행보살도시

所發大願　及彼佛土　功德莊嚴　我於一劫　若過一劫
소발대원　급피불토　공덕장엄　아어일겁　약과일겁

說不能盡.　然彼佛土　純一淸淨　無諸欲染　亦無女人
설불능진　연피불토　순일청정　무제욕염　역무여인

及三惡趣　苦惱之聲　以淨琉璃　而爲其地　城闕宮殿
급삼악취　고뇌지성　이정유리　이위기지　성궐궁전

及諸廊宇　軒窗羅網[1]　皆七寶成　亦如西方　極樂世界
급제낭우　헌창나망　개칠보성　역여서방　극락세계

功德莊嚴.　於彼國中　有二菩薩[2]　一名日光遍照　二
공덕장엄　어피국중　유이보살　일명일광변조　이

名月光遍照　於彼無量　菩薩衆中　而爲上首　能持彼佛
명월광변조　어피무량　보살중중　이위상수　능지피불

正法寶藏　是故　曼殊室利　若有淨信　男子女人
정법보장　시고　만수실리　약유정신　남자여인

應當願生　彼佛世界.
응당원생　피불세계

---

1. 나망羅網은 불전佛前을 장식하는 기구로 구슬을 꿰어서 그물처럼 만든 것이다.

2. 일광변조보살과 월광변조보살은 약사여래를 좌우에서 모시는 보처보살이다. 약사전에는 약사여래
　와 일광보살, 월광보살이 모셔져 있다.

약사유리광 여래의 명호를 들은 인연으로

그때 부처님께서 문수보살에게 말씀하셨다.

약사유리광 여래 부처님께서 보살의 삶을 살아갈 때 세웠던 큰 서원과 그 부처님 국토를 공덕으로 장엄한 것은, 내가 헤아릴 수 없는 수많은 세월을 이야기하더라도, 다 이야기할 수 있는 것이 아니다.

그 부처님의 국토는 순수하고 맑고 깨끗하여 어떤 오염된 욕심도 없고 여인이란 개념조차도 없으며 삼악도의 고통으로 괴로워하는 소리도 없다. 땅은 맑고 투명한 유리로 되고 성문이나 궁전, 모든 행랑, 창문, 부처님의 전각을 장엄하는 장식품이 모두 칠보로 이루어져 공덕으로 장엄한 서방의 극락세계와 같다. 그 국토에는 '밝은 햇살 지혜 보살[日光遍照]'과 '환한 달빛 지혜 보살[月光遍照]'이 있는데 헤아릴 수 없이 많은 보살 가운데 으뜸으로 부처님의 진실한 가르침을 지니고 있다. 이 때문에 문수보살이여, 깨끗한 믿음을 지닌 선남자 선여인은 그 부처님의 세계에 태어나기를 원해야 한다.

復次 曼殊室利 若有衆生 不識善惡 惟懷貪惜 不知
부차 만수실리 약유중생 불식선악 유회탐석 부지

惠施 及施果報 愚癡少智 無有信心 多畜珍財 勤勞
혜시 급시과보 우치소지 무유신심 다축진재 근로

守護 見乞者來 心生不喜 設不獲已 行惠施時 如割
수호 견걸자래 심생불희 설불획이 행혜시시 여할

身肉 深生吝惜 復有無量 慳貪有情 積集資財 然於
신육 심생인석 부유무량 간탐유정 적집자재 연어

自身 尚不能用 況當供給 父母妻子 奴婢仆使 及來
자신 상불능용 황당공급 부모처자 노비부사 급래

乞者. 彼諸有情 從此命終 生餓鬼中 或傍生趣. 由昔
걸자 피제유정 종차명종 생아귀중 혹방생취 유석

人間 曾聞藥師琉璃光如來名故 雖在惡趣 還得憶念
인간 증문약사유리광여래명고 수재악취 환득억념

彼如來名 卽於彼沒 生在人中 得宿命念 畏惡趣苦
피여래명 즉어피몰 생재인중 득숙명념 외악취고

不樂欲樂 好行惠施 讚歎施者 所有財物 無慳吝心
불요욕락 호행혜시 찬탄시자 소유재물 무간린심

漸次尚能 以頭目手足血肉身分 施來求者 況餘財物.
점차상능 이두목수족혈육신분 시래구자 황여재물

또 문수보살이여, 중생들이 선악을 분별하지 못해 인색하고 탐욕이 가득하기에 은혜를 베풂으로써 오는 멋있는 세상을 알지 못한다. 어리석고 믿음이 없어 재물만 모으고 그것을 지키려고 애를 쓰며, 도움을 요청하는 사람을 보면 기뻐하지 않는다. 설사 마지못해 은혜를 베풀 때도 자신의 살점을 떼어내는 것처럼 못내 아까워한다. 또 그지없이 탐욕이 많아 재물을 쌓아 놓고 자신도 아까워서 쓰지 못하는데 하물며 부모, 처자, 아랫사람, 도움을 청하는 사람들에게 베풀어 줄 수가 있겠느냐. 이 중생은 죽은 뒤에 아귀나 축생으로 태어난다.

하지만 전생에 약사유리광 여래 부처님의 명호를 들은 인연이 있어 삼악도에 떨어지더라도 이 부처님의 명호를 기억하면, 곧 그 자리에서 사람으로 태어나 '전생을 아는 지혜'를 얻는다. 그리하여 삼악도의 고통을 두려워하며 욕망의 쾌락을 즐거워하지 않는다. 남에게 은혜를 베풀기 좋아하고 보시하는 사람을 찬탄하며 재산을 아끼려는 인색한 마음이 없다. 시나브로 자신의 머리나 눈, 손, 발, 피, 살, 몸조차 나누어 필요한 사람에게 베풀 것인데, 하물며 가지고 있는 재물이야 더 말할 필요가 있겠느냐.

復次 曼殊室利 若復有人 歸依世尊 受諸學處 而破
부차 만수실리 약부유인 귀의세존 수제학처 이파

壞戒威儀 及壞正見 設有持戒正見 不求多聞 於佛所
괴계위의 급괴정견 설유지계정견 불구다문 어불소

說契經深義 不能瞭解 雖有多聞 而懷矯慢 由慢心故
설계경심의 불능요해 수유다문 이회교만 유만심고

自是非他 嫌謗正法 為魔伴黨. 如是愚人 自行邪見
자시비타 혐방정법 위마반당 여시우인 자행사견

復令無量百千俱胝[1] 有情 墮大險坑 此諸有情
부령무량백천구지 유정 타대험갱 차제유정

墮於地獄 傍生鬼趣 若曾聞此藥師琉璃光如來名號
타어지옥 방생귀취 약증문차약사유리광여래명호

由彼如來 本願威力 於地獄中 憶佛名號 從彼命盡
유피여래 본원위력 어지옥중 억불명호 종피명진

還生人間. 正見精進 意樂調善 捨俗出家 於佛法中
환생인간 정견정진 의요조선 사속출가 어불법중

受持學處 無有毀犯 正見多聞 解甚深義 離於矯慢
수지학처 무유훼범 정견다문 해심심의 이어교만

不謗正法 不為魔伴 漸次修行 諸菩薩行 乃至菩提.
불방정법 불위마반 점차수행 제보살행 내지보리

1. 구지俱胝는 산스크리트어 koṭi의 음사로 천만千萬을 뜻한다.

또 문수보살이여, 어떤 사람은 세존께 귀의하여 공부하다가 부처님의 아름다운 삶을 이루는 계율과 바른 견해를 지키지 못하기도 하며 혹은 계율과 바른 견해를 지니고 있더라도 법문을 많이 듣지 않아 부처님이 말씀하신 깊은 뜻을 알 수가 없으며, 법문을 많이 듣더라도 교만한 마음 때문에 자기만 옳고 남은 그르다고 집착하기에 바른 법을 비방하고 마구니와 한편이 된다. 이와 같이 어리석은 사람은 삿된 견해로 헤아릴 수 없이 많은 중생을 험난한 구렁텅이에 빠뜨리는데 이런 중생이 지옥, 아귀, 축생 삼악도에 떨어지더라도, 일찍이 '약사유리광 여래 부처님'의 명호를 들은 적이 있다면, 그 부처님 본원력의 위엄과 신통의 힘으로 말미암아 지옥에서도 부처님의 명호를 기억하게 되며, 지옥의 목숨이 다한 뒤에는 그 자리에서 사람으로 태어난다.

그리하여 바른 견해로 쉬지 않고 정진하며 즐거운 마음으로 좋은 일을 해나간다. 세속의 욕망을 버리고 출가하며 부처님의 법 가운데 수행을 하고 계율을 범하지 않는다. 올바른 견해로 법문을 많이 듣고 깊은 뜻을 알며 교만한 마음이 없기에 바른 법을 비방하지 않으니 마구니와 한편이 되지 않는다. 시나브로 온갖 보살행을 닦아나가며 부처님의 세상을 얻게 된다.

復次 曼殊室利 若諸有情 慳貪嫉妒 造諸惡業 自讚
부차 만수실리 약제유정 간탐질투 조제악업 자찬

毀他 命終當墮 三惡趣中 無量千歲 受諸劇苦. 從彼
훼타 명종당타 삼악취중 무량천세 수제극고 종피

終已 來生人間 或作牛馬 駝驢之屬 恒被鞭撻 饑渴
종이 내생인간 혹작우마 타려지속 항피편달 기갈

纏心 身常負重 困苦疲極 若得為人 生居下賤 奴婢
전심 신상부중 곤고피극 약득위인 생거하천 노비

仆使 被他驅役 恒不自在.
부사 피타구역 항부자재

由昔人中 曾聞藥師琉璃光如來名號 彼善根力 今復
유석인중 증문약사유리광여래명호 피선근력 금부

憶念 至心歸依 以佛神力 衆苦解脫 諸根聰利 智慧
억념 지심귀의 이불신력 중고해탈 제근총리 지혜

多聞 恒求勝法 常遇善友 永斷魔罥 破無明殼 竭煩
다문 항구승법 상우선우 영단마견 파무명각 갈번

惱河 解脫一切 生老病死 憂悲苦惱 乃至菩提.
뇌하 해탈일체 생로병사 우비고뇌 내지보리

또 문수보살이여, 어떤 중생이 탐욕, 인색, 질투 등 온갖 나쁜 마음으로 악업을 저지르며 자신을 내세우길 좋아하고 남을 해친다면 죽은 뒤 삼악도에 떨어져 헤아릴 수 없이 많은 세월에 걸쳐 극심한 고통을 받아야 한다. 그곳에서 수명이 다하면 사람으로 태어나거나 혹은 소, 말, 낙타, 노새와 같은 짐승이 되어 항상 채찍질을 당하고 굶주리며 무거운 짐을 실어 나르는 극심한 고통을 받아야 한다. 설령 사람이 되더라도 노비와 같은 천한 태생이 되어 남의 밑에서 힘든 일이나 하며 늘 자유롭지 못하다.

하지만 전생에 '약사유리광 여래 부처님'의 명호를 들어 그 선근으로 지금 그 명호를 기억하고 지극한 마음으로 귀의하면, 부처님의 위엄과 신통으로 온갖 고난에서 벗어난다. 또한 총명하고 슬기로워 많은 법문을 듣고 항상 뛰어난 법을 구한다. 늘 좋은 도반을 만나 영원히 온갖 마구니의 올가미를 끊어 내니, 업이 두터운 무명을 타파하고 강물처럼 흐르는 번뇌를 다 없애어 생로병사와 시름, 슬픔, 고뇌를 벗어나 부처님의 세상을 얻게 된다.

復次 曼殊室利 若諸有情 好喜乖離 更相鬪訟 惱亂
부차 만수실리 약제유정 호희괴리 갱상투송 뇌란

自他 以身語意 造諸惡業 展轉常為 不饒益事 互相
자타 이신어의 조제악업 전전상위 불요익사 호상

謀害 告召山林 樹塚等神 殺諸眾生 取其血肉 祭祀
모해 고소산림 수총등신 살제중생 취기혈육 제사

藥叉 羅剎神等 書怨人名 或作形像 以惡咒術 而咒
야차 나찰신등 서원인명 혹작형상 이악주술 이주

詛之 厭魅蠱道 咒起死屍 令斷彼命 及壞其身.
저지 염매고도 주기사시 영단피명 급괴기신

是諸有情 若得聞此藥師琉璃光如來名號 彼諸惡緣
시제유정 약득문차약사유리광여래명호 피제악연

悉不能害 一切展轉 皆起慈悲 利益安樂 無損惱意
실불능해 일체전전 개기자비 이익안락 무손뇌의

及嫌恨心 於自所有 常生喜足.
급혐한심 어자소유 상생희족

118

또 문수보살이여,

어떤 중생은 어긋난 짓을 좋아하며 서로 다투어 재판을 걸고 자신과 남을 괴롭히며 몸과 입과 뜻으로 온갖 악업을 저지르고 늘 이롭지 못한 일만 벌려 서로 해치고 모함하기를 좋아한다. 산, 숲, 나무, 무덤에 붙어 있는 귀신에게 고사를 지내기도 하고 살아 있는 뭇 생명을 죽여 그 피와 살로 야차나 나찰에게 제사를 지내기도 한다. 원수의 이름을 쓰거나 형상을 만들어 흉악한 주술로 저주하여 가위 눌리게 하거나 귀신에게 빌어 정신을 잃게 하며, 시체를 일으켜 다른 사람들의 생명을 빼앗거나 몸을 상하게 한다.

이 중생들이 만약 '약사유리광 여래 부처님'의 명호를 듣게 된다면 온갖 악연이 오더라도 다른 사람을 해치지 않고 모든 일에 자비심을 일으킬 것이다. 서로 이롭고 안락하게 하여 해칠 뜻과 싫어하는 마음이 없으니, 자신이 가진 모든 것에 마냥 기쁘고 만족할 것이다.

復次 曼殊室利 若有四衆 比丘比丘尼 近事男近事女
부차 만수실리 약유사중 비구비구니 근사남근사녀

及餘淨信 男子女人 若能受持 八支齋戒 或經一年
급여정신 남자여인 약능수지 팔지재계 혹경일년

或復三月 受持學處 以此善根 願生西方 極樂世界
혹부삼월 수지학처 이차선근 원생서방 극락세계

見無量壽佛. 若聞藥師琉璃光如來名號 臨命終時
견무량수불 약문약사유리광여래명호 임명종시

有八菩薩 乘神通來 示其去處 卽於彼界 種種雜色
유팔보살 승신통래 시기거처 즉어피계 종종잡색

衆寶華中 自然化生. 或有因此 生於天上 雖生天中
중보화중 자연화생 혹유인차 생어천상 수생천중

而昔善根 亦不窮盡 不復更生 諸餘惡趣. 天上壽盡
이석선근 역불궁진 불부갱생 제여악취 천상수진

還生人間 或為輪王¹ 統攝四洲 威德自在 勸化無量
환생인간 혹위윤왕 통섭사주 위덕자재 권화무량

百千有情 於十善道 令其修習.
백천유정 어십선도 영기수습

---

1. '윤왕輪王'은 전륜성왕으로 수미須彌 사주四洲의 세계를 통솔하는 대왕이다. 이 왕은 몸에 성스런 32상을 갖추고 즉위할 때는 하늘로부터 보배로 치장된 마차를 받아 타고 다니므로 전륜왕轉輪王이라 부르고, 공중으로 날아다니기 때문에 비행황제飛行皇帝라고도 한다.

또 문수보살이여, 비구, 비구니, 사미, 사미니, 깨끗한 믿음을 지닌 선남자 선여인이 팔관재계를 받아 지녀 석 달이나 일 년 동안 수행한다면, 수행하는 그 자리에서 좋은 마음이 쌓인 힘으로 서방의 극락세계에 태어나 영원한 빛 영원한 생명인 무량수불을 만날 수 있다.

만약 임종할 때 약사유리광 여래 부처님의 명호를 들었다면, 극락으로 인도하는 여덟 명의 보살이 신통으로 몸을 나타내어 갈 곳을 보여주리니 곧 극락세계 온갖 빛깔의 보배 연꽃 속에 저절로 태어날 것이다.

혹은 이러한 인연으로 천상에 나기도 하니, 천상에 태어나더라도 예전의 선근이 또한 다 없어지지 않기에 다시 삼악도에 태어나지 않을 것이다.

천상의 수명이 다하여 다시 사람으로 태어나더라도 전륜성왕이 되어 천하를 호령할 것이다. 그 위엄과 덕이 자재하여 헤아릴 수 없이 많은 백천만 중생들을 교화하여 열 가지 좋은 길을 닦아 익히게 할 것이다.

或生刹帝利¹婆羅門　居士貴族　多饒財寶　倉庫盈溢
혹 생 찰 제 리 바 라 문　거 사 귀 족　다 요 재 보　창 고 영 일

形相端嚴　眷屬隆盛.　聰明智慧　勇健盛猛　有大身力.
형 상 단 엄　권 속 융 성　총 명 지 혜　용 건 성 맹　유 대 신 력

若是女人　得聞藥師琉璃光如來名號　至心受持　於後
약 시 여 인　득 문 약 사 유 리 광 여 래 명 호　지 심 수 지　어 후

不復更受女身.　復次　曼殊室利　彼藥師琉璃光如來
불 부 갱 수 여 신　부 차　만 수 실 리　피 약 사 유 리 광 여 래

得菩提時　由本願力　觀諸有情　遇衆病苦　瘦癵乾消
득 보 리 시　유 본 원 력　관 제 유 정　우 중 병 고　수 학 간 소

黃熱等病　或被魘魅　蠱道所中　或復短命　或時橫死
황 열 등 병　혹 피 염 매　고 도 소 중　혹 부 단 명　혹 시 횡 사

欲令是等消除　所求願滿.
욕 령 시 등 소 제　소 구 원 만

時彼世尊　入三摩地　名曰　滅除一切衆生苦惱.　既入
시 피 세 존　입 삼 마 지　명 왈　멸 제 일 체 중 생 고 뇌　기 입

定已　於肉髻中　出大光明　光中演說　大陀羅尼呪曰
정 이　어 육 계 중　출 대 광 명　광 중 연 설　대 다 라 니 주 왈

---

1. 찰제리는 크샤트리아와 같은 말로 인도 카스트 제도에서 두 번째 지위인 왕족과 무사 계급이다. 카스트에 따른 인도인의 신분은 브라만(승려), 크샤트리아(왕이나 귀족), 바이샤(상인), 수드라(일반백성 및 천민) 등 4개로 구분되며 최하층인 수드라에도 속하지 못하는 불가촉천민이 있다.

또는 찰제리나 바라문, 거사, 귀족으로 태어나 보물이 곳간에 가득하고 얼굴 생김새가 단정하며 권속이 번창할 것이다. 총명하며 슬기롭고 건장하며 용맹하여 위대한 힘이 있을 것이다.

또한 여인들이 약사유리광 여래 부처님의 명호를 듣고 지극 정성 그 명호를 받아 지녔다면, 뒷날 다시는 여인의 몸을 받지 않게 될 것이다.

또 문수보살이여, 약사유리광 여래 부처님께서 깨달음을 얻었을 때, 어떤 중생이 온갖 병고를 만나서 시름시름 마르는 병, 학질, 갈증, 풍토병이나 혹은 가위눌림이나 귀신의 나쁜 기운에 휘말려 단명하거나 횡사할 경우, 약사여래 본원력의 힘으로 이들의 병고가 없어져 원하는 대로 소원이 이루어지게 할 것이다.

그때 '약사유리광 여래 부처님'께서 선정에 드니 이 선정의 이름을 '모든 중생의 고뇌를 없애는 선정'이라고 하였다. 여래께서 이 선정에 들어 머리 위에서 큰 광명을 내시고 그 속에서 '대다라니' 주문을 설하셨다.

약사유리광 여래 다라니

나모바가발제 비살구사로 폐루리발라바 갈라 사야 달
타아다야 아라헐제 삼먁삼발타야 달질타옴 비살서 비
살서 비살사 삼몰아제 사바하.

爾時光中　說此咒已
이시광중　설차주이

大地震動　放大光明　一切衆生　病苦皆除　受安隱樂.
대지진동　방대광명　일체중생　병고개제　수안은락

曼殊室利　若見男子女人　有病苦者　應當一心　為彼病
만수실리　약견남자여인　유병고자　응당일심　위피병

人　清淨澡漱　或食或藥　或無蟲水　咒一百八遍　與彼
인　청정조수　혹식혹약　혹무충수　주일백팔편　여피

服食　所有病苦　悉皆消滅.
복식　소유병고　실개소멸

若有所求　至心念誦　皆得如意　無病延年　命終之後
약유소구　지심염송　개득여의　무병연년　명종지후

生彼世界　得不退轉　乃至菩提.
생피세계　득불퇴전　내지보리

是故　曼殊室利　若有男子女人　於彼藥師琉璃光如來
시고　만수실리　약유남자여인　어피약사유리광여래

至心慇重　恭敬供養者　常持此咒　勿令廢忘.
지심은중　공경공양자　상지차주　물령폐망

광명 속에서 이 대다라니 주문을 설할 때 대지가 흔들리고 큰 빛이 뻗어 나와 중생의 온갖 병고가 남김없이 사라지니 중생들이 편안하고 즐거웠다.

문수보살이여, 병고에 시달리는 사람을 보았다면 지극한 마음으로 그 병자를 위하여 목욕재계하고 음식이나 약 또는 깨끗한 물을 향하여 이 신주를 108번 외우고 나서 병자에게 그것을 먹인다면 모든 병고가 다 없어질 것이다.

또 구하는 바가 있어 지극한 마음으로 이 주문을 읽고 외우면 모든 것이 뜻대로 이루어지고 병이 없이 오래 살게 될 것이며, 임종한 뒤에는 그 부처님의 세계에 태어나 수행에서 물러남이 없이 끊임없이 정진하기에 부처님의 세상을 얻게 될 것이다.

이 때문에 문수보살이여, 만약 선남자 선여인으로서 저 약사 유리광 여래 부처님께 지극한 마음으로 정성껏 공경하고 공양하는 사람이 있다면, 이 사람은 언제나 이 대다라니 신주를 지녀 마음속에서 잊어버리는 일이 없어야 한다.

復次　曼殊室利　若有淨信　男子女人　得聞如上　七佛
부차　만수실리　약유정신　남자여인　득문여상　칠불

如來　應正等覺　所有名號　聞已誦持　晨嚼齒木　澡漱
여래　응정등각　소유명호　문이송지　신작치목　조수

淸淨　以諸香花　末香燒香塗香　作衆伎樂　供養形像.
청정　이제향화　말향소향도향　작중기악　공양형상

於此經典　若自書　若教人書　一心受持　聽聞其義
어차경전　약자서　약교인서　일심수지　청문기의

於彼法師　應修供養　一切所有　資身之具　悉皆施與
어피법사　응수공양　일체소유　자신지구　실개시여

勿令乏少.
물령핍소

如是便蒙　諸佛護念　所求願滿　乃至菩提.
여시변몽　제불호념　소구원만　내지보리

9장. 칠불여래의 명호와 경전, 법사에 대한 마음가짐

또 문수보살이여, 만약 깨끗한 믿음을 지닌 선남자 선여인이 위에서 말한 일곱 분의 부처님 명호를 모두 듣는다면, 이를 외워 지녀 새벽에 목욕재계하고 온갖 향기로운 꽃과 가루 향, 사르는 향, 바르는 향, 노래와 춤으로 그 성스러운 부처님께 공양을 올려야 한다.

이 경전을 자신이 직접 사경하거나 또는 다른 사람이 사경한 것을 지극한 마음으로 받아 지녀 그 뜻을 알아들어야 한다.

이 경전을 설하는 법사에게 공양을 올리되 갖가지 살림살이를 다 제공하여 부족함이 없게 해야 한다.

이렇게 하면 바로 모든 부처님이 지키고 보호하여 바라는 대로 그 소원이 다 이루어지고 부처님의 세상을 얻게 될 것이다.

爾時　曼殊室利童子　白佛言
이시　만수실리동자　백불언

世尊　我於末法之時　誓以種種方便　令諸淨信
세존　아어말법지시　서이종종방편　영제정신

男子女人　得聞　七佛如來名號　乃至睡中　亦以佛名
남자여인　득문　칠불여래명호　내지수중　역이불명

令其覺悟. 世尊　若於此經　受持讀誦　或復為他　演說
영기각오　세존　약어차경　수지독송　혹부위타　연설

開示　若自書　若教人書　恭敬尊重　以種種華香塗香
개시　약자서　약교인서　공경존중　이종종화향도향

末香燒香　華蔓瓔珞　幡蓋伎樂　而為供養. 以五色繒
말향소향　화만영락　번개기악　이위공양　이오색증

彩　而裹帙之　灑掃淨處　置高座上. 是時　四大天王
채　이과질지　쇄소정처　치고좌상　시시　사대천왕

與其眷屬　乃與無量　百千天眾　皆詣其所　供養守護.
여기권속　내여무량　백천천중　개예기소　공양수호

世尊　若此經寶　流行之處　及受持者　以彼七佛如來
세존　약차경보　유행지처　급수지자　이피칠불여래

本願功德　及聞名號　威神之力　當知是處　無復橫死.
본원공덕　급문명호　위신지력　당지시처　무부횡사

130

문수보살의 신심과 서원

그때 문수보살이 부처님께 사뢰었다.

"세존이시여, 제가 말법시대에 맹세코 온갖 방편으로 깨끗한 믿음을 지닌 선남자 선여인이 일곱 분의 부처님 명호를 듣게 할 것이며 깊은 잠 속에서도 부처님의 명호로써 깨어나도록 하겠습니다.

세존이시여, 이 경전을 받아 지녀 읽고 외워 다른 사람을 위하여 그 뜻을 일러 주며, 자신이나 다른 사람이 사경한 경전을 공경하며 존중하여 온갖 향기로운 꽃이나, 바르는 향, 가루 향, 사르는 향, 꽃목걸이, 옥구슬, 깃발, 양산, 노래와 춤으로 공양을 올리겠습니다.

오색 비단 주머니에 이 경전을 싸서 깨끗한 장소에 있는 높은 자리에 모시겠습니다. 그러면 사대천왕과 그 권속 및 헤아릴 수 없이 많은 천신은 모두 그 장소로 나아가 공양을 올리며 이 경전을 지키고 보호할 것입니다.

세존이시여, 이 보배로운 경전이 유포된 곳이나 받아 지닌 사람이 있다면, 저 일곱 분 부처님 본디 원력의 공덕과 명호를 들은 위엄과 신통으로 다시는 횡사하는 일이 없을 것입니다."

亦復不爲　諸惡鬼神　奪其精氣.
역부불위　제악귀신　탈기정기

設已奪者　還得如故　身心安樂.
설이탈자　환득여고　신심안락

佛告　曼殊室利　如是如是　如汝所說.　曼殊室利
불고　만수실리　여시여시　여여소설　만수실리

若有淨信　男子女人　欲供養彼　七佛如來者　應先敬造
약유정신　남자여인　욕공양피　칠불여래자　응선경조

七佛形像.　安在淸淨　上妙之座　散花燒香.　以諸幢幡[1]
칠불형상　안재청정　상묘지좌　산화소향　이제당번

莊嚴其處　七日七夜　受八戒齋　食淸淨食.　澡浴身體
장엄기처　칠일칠야　수팔계재　식청정식　조욕신체

著新淨衣　心無垢濁　亦無恚害.　於諸有情　常起利樂[2]
착신정의　심무구탁　역무에해　어제유정　상기이락

慈悲喜捨　平等之心.　鼓樂弦歌　稱讚功德　右繞佛像.
자비희사　평등지심　고악현가　칭찬공덕　우요불상

---

1. 당번幢幡은 불전佛殿을 장엄하는 깃발이다.

2. '상기이락常起利樂'은 내세의 이익과 현세의 안락을 통틀어 이르는 말이다. 같은 말은 '이락유정'으로 중생을 이롭게 하고 안락하게 하는 것이다.

"또한 이 사람은 어떤 흉악한 귀신에게도 정기를 빼앗기지 않을 것입니다. 설사 이미 정기를 빼앗겼더라도 곧 회복하게 되므로 몸과 마음이 편안하고 즐거울 것입니다."

칠불여래께 공양을 올리고자 하면

부처님께서 문수보살에게 말씀하셨다.

"그대가 말한 바대로 모두가 맞는 말이다. 문수보살이여, 만약 깨끗한 믿음을 지닌 선남자 선여인이 일곱 분 부처님께 공양을 올리고자 하면, 먼저 일곱 분 부처님의 성스러운 모습을 정성껏 조성하여야 한다. 그리고 맑고 깨끗하며 좋은 자리에 편안히 모셔 놓고 꽃을 뿌리며 향을 사르어야 한다. 온갖 깃발로 그곳을 장엄하고 7일 낮 7일 밤 팔관재계를 지녀 청정한 음식을 먹어야 한다. 깨끗하게 목욕하고 정갈한 새 옷을 입으며 번뇌와 성내는 마음이 없어야 한다.

언제나 모든 중생을 이롭고 안락하게 하며 자비희사의 평등한 마음을 일으켜야 한다. 북을 두들기고 악기를 연주하는 춤과 노래로 부처님의 공덕을 찬탄하고 존경하는 마음으로 성스러운 부처님의 오른쪽으로 돌며 받들어 모셔야 한다."

念彼如來　所有本願　讀誦此經　思惟其義　演說開示
염 피 여 래　소 유 본 원　독 송 차 경　사 유 기 의　연 설 개 시

隨其所願　求長壽　得長壽　求富饒　得富饒　求官位　得
수 기 소 원　구 장 수　득 장 수　구 부 요　득 부 요　구 관 위　득

官位　求男女　得男女　一切皆遂.
관 위　구 남 녀　득 남 녀　일 체 개 수

若復有人　忽得惡夢　見諸惡相　或怪鳥來集　或於其家
약 부 유 인　홀 득 악 몽　견 제 악 상　혹 괴 조 래 집　혹 어 기 가

百怪出現　此人若以　上妙資具　恭敬供養　彼諸佛者
백 괴 출 현　차 인 약 이　상 묘 자 구　공 경 공 양　피 제 불 자

惡夢惡相　諸不吉祥　悉皆隱沒　不能為患.
악 몽 악 상　제 불 길 상　실 개 은 몰　불 능 위 환

或有水火刀毒　懸崖險道　惡象師子　虎狼熊羆　蛇蠍蜈
혹 유 수 화 도 독　현 애 험 도　악 상 사 자　호 랑 웅 비　사 헐 오

蚣　如是等怖　若能至心　憶念彼佛　恭敬供養　一切怖
공　여 시 등 포　약 능 지 심　억 념 피 불　공 경 공 양　일 체 포

畏　皆得解脫.　若他國侵擾　盜賊反亂　憶念恭敬　彼如
외　개 득 해 탈　약 타 국 침 요　도 적 반 란　억 념 공 경　피 여

來者　所有怨敵　悉皆退散.
래 자　소 유 원 적　실 개 퇴 산

"그 부처님의 온갖 본원력을 생각하며 이 경전을 읽고 외워가며 그 뜻을 깊이 되새기고 다른 사람에게도 일러 준다면, 그들이 원하는 대로 오래 살고 싶으면 오래 살고, 부자가 되고 싶으면 부자가 되며, 관직을 얻고자 하면 관직을 얻고, 아들딸을 낳고 싶으면 아들딸을 낳게 되어 모든 소원이 다 이루어지게 될 것이다.

또 어떤 사람이 악몽을 꾸면서 온갖 나쁜 형상을 보게 되거나, 혹은 흉물스런 새들이 모여들며 집안에 온갖 요괴가 나타날 때, 이 사람이 좋은 공양물로 일곱 분의 부처님을 공경하고 공양을 올린다면, 악몽의 나쁜 형상과 상서롭지 못한 일이 다 사라져 근심거리가 되지 않게 될 것이다.

또 수재와 화재, 칼, 독약, 높은 절벽, 험악한 길, 사나운 코끼리, 사자, 호랑이, 이리, 큰 곰, 독사와 전갈, 지네와 같은 것을 만난 공포 속에서도, 지극한 마음으로 부처님을 생각하고 공경하며 공양을 올린다면 모든 공포에서 다 벗어나게 될 것이다. 다른 나라의 침략이 있거나 도적의 반란이 있을 때에도 부처님을 생각하고 공양을 올린다면, 모든 원수와 적들이 다 흩어져 물러나게 될 것이다."

復次　曼殊室利　若有淨信　男子女人等　乃至盡形
부차　만수실리　약유정신　남자여인등　내지진형

不事餘天　惟當一心　歸佛法僧.　受持禁戒　若五戒十
불사여천　유당일심　귀불법승　수지금계　약오계십

戒　菩薩二十四戒　比丘二百五十戒　比丘尼五百戒[1].
계　보살이십사계　비구이백오십계　비구니오백계

於諸戒中　或有毀犯　怖墮惡趣　若能專念　彼佛名號
어제계중　혹유훼범　포타악취　약능전념　피불명호

恭敬供養者　必定不生　三惡趣中.　或有女人　臨當産
공경공양자　필정불생　삼악취중　혹유여인　임당산

時　受於極苦　若能至心　稱名禮硳　恭敬供養　七佛如
시　수어극고　약능지심　칭명예할　공경공양　칠불여

來　衆苦皆除　所生之子　顏貌端正　見者歡喜.　利根聰
래　중고개제　소생지자　안모단정　견자환희　이근총

明　少病安樂　無有非人　奪其精氣.
명　소병안락　무유비인　탈기정기

---

1. 부처님께서는 비구, 비구니, 사미, 사미니, 식차마니, 우바새, 우바이 같은 승가의 일곱 대중을 위해 계율을 말씀하셨다. 곧 비구는 이백오십계를, 비구니는 오백계를, 비구니가 되기 전의 식차마니는 육계를, 사미와 사미니는 십계를 받아 지닌다. 그리고 출가하지 않은 대중인 우바새와 우바이가 받아 지녀야 할 계는 두 가지로 목숨이 다하도록 지켜야 할 오계와 하루 낮 하룻밤 동안만 지키는 팔관재계이다.

"또 문수보살이여, 만약 깨끗한 믿음을 지닌 선남자 선여인이라면 목숨이 다할 때까지 다른 천신을 섬기지 않고 오직 지극한 마음으로 불법승 삼보에게 귀의하여야 한다. 계율을 받아 지니되, 오계, 십계, 보살의 이십사계, 비구의 이백오십계, 비구니의 오백계를 받아 지녀야 한다.

혹은 계율을 범하여 악도에 떨어질까 두려울 때 부처님의 명호를 지극한 마음으로 생각하고 공경하며 공양을 올리는 사람은 결코 삼악도에 떨어지지 않을 것이다.

또 어떤 여인이 출산하며 극심한 고통에 시달릴 때, 지극한 마음으로 일곱 분 부처님 명호를 부르고 예찬 공경하며 공양을 올린다면, 온갖 고통이 다 사라지며 갓 태어난 아이의 얼굴이 단정하여 보는 사람이 기뻐하게 될 것이다. 이 아이는 지혜롭고 총명하며 병이 없고 안락하여 사람이 아닌 이상한 허깨비에 정기를 빼앗기는 일도 없을 것이다."

爾時　世尊　告阿難言　如我稱揚　彼七如來　名號功德
이시　세존　고아난언　여아칭양　피칠여래　명호공덕

此是諸佛　甚深境界　難可了知　汝勿生疑.
차시제불　심심경계　난가요지　여물생의

阿難白言
아난백언

世尊　我於如來所說　契經深義　不生疑惑　所以者何.
세존　아어여래소설　계경심의　불생의혹　소이자하

一切如來　身語意業　皆無虛妄.　世尊　此日月輪　可令
일체여래　신어의업　개무허망　세존　차일월륜　가령

墮落　妙高山王　可使傾動　諸佛所言　終無有異.
타락　묘고산왕　가사경동　제불소언　종무유이

世尊　然有眾生　信根不具　聞說諸佛　甚深境界　作是
세존　연유중생　신근불구　문설제불　심심경계　작시

思惟　云何但念　七佛名號　便獲爾所　功德勝利　由此
사유　운하단념　칠불명호　변획이소　공덕승리　유차

不信　便生誹謗.　彼於長夜　失大利樂　墮諸惡趣.
불신　변생비방　피어장야　실대이락　타제악취

138

칠불여래 명호의 공덕을 의심하지 말라

그때 세존께서 아난에게 말씀하셨다.

"내가 찬양한 일곱 분의 부처님 명호에서 나오는 공덕은 모든 부처님의 깊고 깊은 경계이므로 분명히 아는 것이 어렵겠지만 그대는 의심하지 말라."

아난이 사뢰었다.

"세존이시여, 저는 여래께서 말씀하신 깊은 이치를 의심하지 않으니 무엇 때문이겠습니까? 모든 여래께서는 몸과 말과 뜻으로 짓는 일에 모두 허망함이 없기 때문입니다. 세존이시여, 설사 해와 달을 떨어뜨릴 수 있고 수미산을 움직일 수 있더라도, 모든 부처님의 말씀은 끝내 달라질 것이 없습니다. 세존이시여, 그러나 중생들은 믿음을 아직 갖추고 있지 못하기에, 모든 부처님의 깊고 깊은 경계를 듣고서도 '어떻게 일곱 분의 부처님 명호만 지극정성 생각함에 그런 뛰어난 이익과 공덕을 가질 수 있단 말인가.'라고 의심하게 됩니다. 이런 불신으로 부처님의 법을 비방하니 그들은 깊은 암흑 속에서 큰 이익과 즐거움을 잃고 삼악도에 떨어지는 것입니다."

佛告阿難
불고아난

彼諸有情　若得耳聞　諸佛名號　墮惡趣者　無有是處
피제유정　약득이문　제불명호　타악취자　무유시처

唯除定業　不可轉者.
유제정업　불가전자

阿難　此是諸佛　甚深境界　難可信解　汝能信受　當知
아난　차시제불　심심경계　난가신해　여능신수　당지

皆是如來威力.
개시여래위력

阿難　一切聲聞　及獨覺等　皆不能知　唯除一生　補處
아난　일체성문　급독각등　개불능지　유제일생　보처

菩薩. 阿難　人身難得　於三寶中　信敬尊重　亦難可得
보살　아난　인신난득　어삼보중　신경존중　역난가득

得聞七佛　如來名號　復難於是.
득문칠불　여래명호　부난어시

阿難　彼諸如來　無量菩薩行　無量巧方便　無量廣大願
아난　피제여래　무량보살행　무량교방편　무량광대원

如是行願　善巧方便　我若一劫　若過一劫　說不能盡.
여시행원　선교방편　아약일겁　약과일겁　설불능진

140

칠불여래 부처님의 명호를 듣는 일은 어렵다

부처님께서 아난에게 말씀하셨다.

"중생이 일곱 분의 부처님 명호를 듣고도 삼악도에 떨어진다는 것은 옳지 않지만 다만 결정된 업보로서 바뀔 수 없는 것은 어쩔 수 없다.

아난아, 이는 모든 부처님의 깊고 깊은 경계로서 믿고 알기 어려운 것이지만, 그대가 믿고 받아들일 수 있다면 마땅히 이는 모두 여래의 위엄과 신통의 힘인 줄 알아야 한다.

아난아, 이는 성문이나 독각이 알 수 있는 바가 아니다. 오직 중생을 제도하기 위하여 원력으로 이 세상에 마지막으로 오게 되는 보처보살만이 알 수 있다.

아난아, 사람의 몸은 받기 어렵고 또한 삼보를 믿고 공경하며 존중하는 것도 어려운 일이지만, 일곱 분 부처님 명호를 듣는 것은 이보다 더 어렵다.

아난아, 이 일곱 분 부처님의 헤아릴 수 없이 많은 보살행, 헤아릴 수 없이 많은 좋은 방편, 헤아릴 수 없이 많은 광대한 원력, 이와 같은 보살행과 원력에서 나오는 훌륭한 방편은 내가 헤아릴 수 없이 많은 세월에 걸쳐 이야기하더라도 다 말할 수 있는 것이 아니다."

爾時　衆中有一菩薩摩訶薩　名曰救脫　卽從座起　偏袒
이시　중중유일보살마하살　명왈구탈　즉종좌기　편단

右肩　右膝著地　合掌向佛　白言
우견　우슬착지　합장향불　백언

世尊　於後來世　像法起時　若有衆生　為諸病苦　之所
세존　어후내세　상법기시　약유중생　위제병고　지소

逼惱　身形羸瘦　不能飲食　喉脣乾燥　目視皆暗　死相
핍뇌　신형리수　불능음식　후순건조　목시개암　사상

現前.　父母親屬　朋友知識　啼泣圍繞　身臥本處　見彼
현전　부모친속　붕우지식　제읍위요　신와본처　견피

琰魔　法王之使　引其神識[1]　將至王所.　然諸有情　有
염마　법왕지사　인기신식　장지왕소　연제유정　유

俱生神　隨其所作　善惡之業　悉皆記錄　授與彼王　王
구생신　수기소작　선악지업　실개기록　수여피왕　왕

卽依法　問其所作　隨彼罪福　而處斷之.
즉의법　문기소작　수피죄복　이처단지

---

1. 윤회의 주체, 곧 육체는 소멸해도 사라지지 않고 다음 생으로 윤회하는 마음을 신식神識 혹은 식신識神이라고 한다. 이를 어떤 관점에서 보느냐에 따라 영가, 중음신, 중유신, 영혼이라 말하기도 한다. '신식神識'이란 의미는 이런 마음이 신령스럽고 오묘하며 불가사의하기 때문에 붙인 개념이다. 여기서는 영가라고 번역하였다.

죽을 사람을 위하여 부처님께 공양을 올린다면

그때 대중 가운데 '해탈한 보살님'이 자리에서 일어나 존경의 표시로 오른쪽 어깨를 드러내며 오른쪽 무릎을 땅에 대고 두 손 모아 공손히 부처님께 사뢰었다.

"세존이시여, 뒷날 오는 세상인 부처님의 모습과 법의 형상만 남아 있는 상법像法 시대에 어떤 사람이 갖은 병고에 시달려 몸이 야위고 음식을 먹지 못하며 목구멍과 입술이 마르고 눈이 어두워 곧 죽을 지경이 되면, 그 사람은 병석에 누워 슬피 우는 부모나 친척, 친구들과 아는 사람들에게 둘러싸인 채 염라대왕이 보낸 저승사자가 그의 영가를 염라대왕이 있는 곳으로 데리고 가는 것을 보게 됩니다.

모든 사람은 태어날 때 신령스러운 알음알이를 지니고 있으므로 그동안 살아오면서 했던 좋고 나쁜 온갖 일이 빠짐없이 기록되어 있습니다. 이를 염라대왕에게 바치면, 염라대왕은 법에 따라서 그가 지은 좋고 나쁜 일에 따라 지옥에 가게 하거나 천상에 갈 복을 주게 됩니다."

是時　病人　親屬知識　若能為彼　歸依諸佛　種種莊嚴
시시　병인　친속지식　약능위피　귀의제불　종종장엄

如法供養　而彼神識　或經七日　或二七日　乃至七七日
여법공양　이피신식　혹경칠일　혹이칠일　내지칠칠일

如從夢覺　復本精神　皆自憶知　善不善業　所得果報.
여종몽각　부본정신　개자억지　선불선업　소득과보

由自證見　業報不虛　乃至命難　亦不造惡.
유자증견　업보불허　내지명난　역부조악

是故淨信　男子女人　皆應受持　七佛名號　隨力所能
시고정신　남자여인　개응수지　칠불명호　수력소능

恭敬供養.
공경공양

"이때 병자의 부모나 친척과 아는 사람들이 그를 위하여 일곱 분의 부처님께 귀의하고 온갖 것으로 장엄하여 정성껏 공양을 올린다면, 음력 7일, 14일, 21일, 28일, 35일, 42일, 49일 중 어느 날 꿈에서 깬 것처럼 그의 신령스러운 알음알이가 본디 정신으로 돌아와 자신이 지은 착하고 착하지 못한 업에 따라 받게 되는 세상의 결과물을 저절로 기억하고 알게 됩니다.

업의 과보란 것이 결코 헛말이 아님을 자신이 분명히 보았기 때문에, 다음부터는 목숨을 부지하기 어려운 상황에서도 나쁜 짓을 절대 하지 않습니다.

이 때문에 깨끗한 믿음을 지닌 선남자 선여인은 모두 일곱 분의 부처님 명호를 받아 지녀야 하고, 자신이 할 수 있는 한 힘껏 그분들에게 공양을 올리면서 공경하는 것입니다."

爾時　阿難　問救脫菩薩　曰
이시　아난　문구탈보살　왈

善男子　恭敬供養　彼七如來　其法云何　救脫菩薩言
선남자　공경공양　피칠여래　기법운하　구탈보살언

大德　若有病人　及餘災厄　欲令脫者　當為其人　七日
대덕　약유병인　급여재액　욕령탈자　당위기인　칠일

七夜　持八戒齋　應以飲食　及餘資具　隨其所有　供佛
칠야　지팔계재　응이음식　급여자구　수기소유　공불

及僧.　晝夜六時　恭敬禮拜　七佛如來　讀誦此經　四十
급승　주야육시　공경예배　칠불여래　독송차경　사십

九遍　然四十九燈.
구편　연사십구등

10장. 칠불여래 부처님께 공양을 올리고 공경하는 법

그때 아난이 '중생을 구원하여 해탈시키는 보살[救脫]'에게 "보살님이시여, 일곱 분 부처님께 공양을 올리고 공경하는 법에는 어떤 것이 있습니까?"라고 물으니, '중생을 구원하여 해탈시키는 보살'이 말하였다.

"큰 덕망을 지니신 아난이시여! 만약 병들거나 재앙을 만난 사람을 구제하려 한다면, 마땅히 그 사람을 위하여 7일 낮 7일 밤 동안 팔관재계를 지키면서 음식이나 갖가지 공양물을 가진 만큼 정성껏 부처님과 스님들께 공양을 올리셔야 합니다. 밤낮으로 시간을 정하여 여섯 차례 일곱 분 부처님께 공손히 예배를 올리면서, 이 경전을 마흔아홉 번을 읽고 외우면서 마흔아홉 개의 등불을 켜놓아야 합니다."

造彼如來　形象七軀　一一像前　各置七燈　其七燈狀.
조피여래　형상칠구　일일상전　각치칠등　기칠등상

圓若車輪　乃至四十九夜　光明不絶.　造雜彩幡　四十
원약거륜　내지사십구야　광명부절　조잡채번　사십

九首　並一長幡　四十九尺　放四十九生.　如是卽能　離
구수　병일장번　사십구척　방사십구생　여시즉능　이

災厄難　不爲諸橫　惡鬼所持.
재액난　불위제횡　악귀소지

大德阿難　是爲供養　如來法式.　若有於此　七佛之中
대덕아난　시위공양　여래법식　약유어차　칠불지중

隨其一佛　稱名供養者　皆得如是　無量功德　所求願滿.
수기일불　칭명공양자　개득여시　무량공덕　소구원만

何況盡能　具足供養.
하황진능　구족공양

148

"일곱 분 부처님의 성스러운 모습을 조성하고, 한 분 한 분 앞에도 일곱 개의 등불을 켜 놓아야 합니다. 일곱 등불의 모양은 수레바퀴처럼 둥그렇게 하고, 49일째 밤이 되는 날까지 그 불빛이 꺼지지 않게 해야 합니다. 갖가지 곱고 아름다운 비단으로 깃발 마흔아홉 폭을 만들되 한 폭의 길이가 마흔아홉 척이 되게 하고 마흔아홉의 생명을 방생하여야 합니다. 이처럼 하면 곧 온갖 재앙을 벗어나기에 횡사를 당하거나 귀신에게 홀리지 않을 것입니다.

큰 덕망을 지니신 아난이시여, 이것이 일곱 분 부처님께 공양을 올리는 법식입니다. 비록 일곱 분 부처님 가운데 한 분의 명호만 불러 공양을 올리더라도, 이들 모두는 이와 같은 헤아릴 수 없는 공덕을 얻어서 바라는 대로 소원이 다 성취될 것인데, 하물며 일곱 분 부처님께 모든 것을 다 갖추어 법식대로 공양을 올리는 데에서야 더 말할 필요가 있겠습니까."

復次　大德阿難　若剎帝利　灌頂王[1]等　災難起時　所
부차　대덕아난　약찰제리　관정왕등　재난기시　소

謂人衆疾疫難　他國侵逼難　自界叛逆難　星宿變怪難
위인중질역난　타국침핍난　자계반역난　성숙변괴난

日月薄蝕難　非時風雨難　過時不雨難.　彼剎帝利　灌
일월박식난　비시풍우난　과시불우난　피찰제리　관

頂王等　爾時　當於一切有情　起慈悲心　放大恩赦　脫
정왕등　이시　당어일체유정　기자비심　방대은사　탈

諸幽厄　苦惱衆生　如前法式　供養諸佛.
제유액　고뇌중생　여전법식　공양제불

由此善根　及彼如來　本願力故　令其國界　卽得安穩
유차선근　급피여래　본원력고　영기국계　즉득안온

風雨順時　穀稼成熟　國內衆生　無病安樂　又無暴惡
풍우순시　곡가성숙　국내중생　무병안락　우무포악

藥叉等神　共相惱亂.　一切惡相　悉皆隱沒　而剎帝利
야차등신　공상뇌란　일체악상　실개은몰　이찰제리

灌頂王等　皆得增益　壽命色力　無病自在.
관정왕등　개득증익　수명색력　무병자재

---

1. 인도에서 임금의 즉위식이나 입태자식을 할 때 머리 정수리에 바닷물을 붓는 것을 관정灌頂이라
   하고, 그렇게 해서 된 임금을 관정왕이라 한다.

"또 큰 덕망을 지니신 아난이시여!

사회를 이끄는 지도층 계급이나 왕도 전염병이나 변방의 침략, 반란, 별자리 괴변, 햇빛과 달빛이 사라지는 재난, 별안간 닥치는 폭풍우나 때가 지나도 비가 오지 않는 가뭄과 같은 엄청난 재난을 만날 수가 있습니다.

그때 귀족이나 임금은 모든 중생에게 자비심을 일으켜 은혜를 베풀고, 감옥에서 고생하는 사람을 풀어주며, 앞서 말한 법식대로 일곱 분의 부처님께 공양을 올려야 합니다.

그리하여 마음을 잘 쓴 공덕과 일곱 부처님의 본디 원력으로 말미암아 나라가 평온하고 비바람은 순조로워 풍작이 되며 온 나라 백성은 병이 없어 안락해질 것입니다. 또 포악한 야차나 귀신도 중생의 마음을 어지럽게 하여 해치는 일이 없을 것입니다. 온갖 나쁜 징조들이 다 사라져 백성을 보살피고 사랑하는 지도층 계급이나 왕들의 수명이 모두 늘어나고 몸은 건강해져 병이 없이 자유자재하게 될 것입니다."

大德阿難　若帝後妃主　諸君王子　大臣輔相　宮中婇女
대덕아난　약제후비주　제군왕자　대신보상　궁중채녀

百官黎庶　為病所苦　及餘厄難　亦應敬造　七佛形像
백관려서　위병소고　급여액난　역응경조　칠불형상

讀誦此經.　然燈造幡　放諸生命　至誠供養　燒香散花.
독송차경　연등조번　방제생명　지성공양　소향산화

卽得病苦消除　解脫衆難.
즉득병고소제　해탈중난

爾時　具壽[1]阿難　問救脫菩薩言　善男子　云何已盡之
이시　구수아난　문구탈보살언　선남자　운하이진지

命　而可增益.
명　이가증익

救脫菩薩言　大德　仁豈不聞　如來說有　九橫死耶.
구탈보살언　대덕　인기불문　여래설유　구횡사야

由是世尊　為說咒藥　隨事救療　然燈造幡　修諸福業
유시세존　위설주약　수사구료　연등조번　수제복업

以修福故　得延壽命.
이수복고　득연수명

---

1. '구수'는 산스크리트어 āyuṣmat를 번역한 말로 수행과 지혜가 뛰어난 수행자를 높여 일컫는 말이다. 정명淨命, 장로長老, 장자長者, 존자尊者 등과 같은 말이다.

"큰 덕망을 지니신 아난이시여! 만약 임금이나 왕후, 공주, 태자, 대신, 궁녀, 온갖 벼슬아치, 백성들이 병고와 재난에 시달릴 때는 일곱 분 부처님의 성스러운 모습을 경건한 마음으로 조성하여 모셔 놓고 이 경전을 읽고 외워야 합니다. 등불을 켜놓고 깃발을 만들어 장엄하며 뭇 생명을 방생하고 지성으로 공양을 올리면서 향을 사르고 꽃을 뿌려야 합니다. 그리하면 곧 모든 병고가 없어져 온갖 재난에서 벗어날 것입니다."

부처님께서 간략하게 말씀하신 아홉 가지 횡사

그때 비구 아난이 '중생을 구원하여 해탈시키는 보살'에게 "이미 수명이 다한 생명을 어떻게 더 늘릴 수 있다고 하십니까?"라고 물었다.

'중생을 구원하여 해탈시키는 보살'이 말하였다.
"큰 덕망을 지니신 분이시여! 그대는 부처님께서 말씀하신 아홉 가지 횡사를 어찌 듣지 못했단 말입니까. 이로 말미암아 세존께서는 주문이나 약을 사용하여 형편에 따라 치료하거나, 등불을 켜고 깃발을 만들어 온갖 복덕을 닦는 것으로 수명을 연장하는 것입니다."

阿難問言　九橫云何.
아난문언　구횡운하

一者
일자

若諸有情　得病雖輕　然無醫藥　及看病者　設復遇醫
약제유정　득병수경　연무의약　급간병자　설부우의

不授其藥　實不應死　而便橫死　又信世間　邪魔外道
불수기약　실불응사　이변횡사　우신세간　사마외도

妖孽之師　妄說禍福　便生恐動　心不自正　卜問吉凶
요얼지사　망설화복　변생공동　심부자정　복문길흉

殺諸衆生　求神解奏　呼召魍魎　請福祈恩　欲冀延年
살제중생　구신해주　호소망량　청복기은　욕기연년

終不能得　愚迷倒見　遂令橫死　入於地獄　無有出期.
종불능득　우미도견　수령횡사　입어지옥　무유출기

비구 아난이 "아홉 가지 횡사는 무엇을 말합니까?"라고 물으니, '중생을 구원하여 해탈시키는 보살'이 말하였다.

"첫 번째는 어떤 중생이 가벼운 병을 얻더라도 치료할 약이나 병을 돌봐주는 사람이 없어서, 혹은 의사를 만나도 약을 주지 않아 실로 죽어야 할 병이 아닌데도 횡사하는 것을 말합니다. 또 세간의 삿된 마구니 요사스러운 외도가 길흉화복을 지껄이는 것을 믿어, 겁에 질려 마음을 추스르지 못하고 점을 치거나 살아 있는 생명을 죽여 잡신에게 바쳐 잘되기를 빌고, 도깨비를 불러들여 복을 구하고 은총을 받아 수명을 늘리려고 하지만, 끝내 구하는 바를 얻지 못한 채 어리석고 잘못된 소견으로 횡사하여 지옥에 들어가 벗어날 기약이 없는 것입니다."

二者　橫爲王法之所誅戮.　三者　畋獵嬉戲　耽淫嗜酒
이자　횡위왕법지소주륙　삼자　전렵희희　탐음기주

放逸無度　橫爲非人　奪其精氣.
방일무도　횡위비인　탈기정기

四者　橫爲火焚.　五者　橫爲水溺.
사자　횡위화분　오자　횡위수닉

六者　橫爲種種　惡獸所啖.
육자　횡위종종　악수소담

七者　橫墮山崖.　八者　橫爲毒藥　魘禱咒詛　起屍鬼等
칠자　횡타산애　팔자　횡위독약　염도주저　기시귀등

之所中害.　九者　饑渴所因　不得飮食　而便橫死.
지소중해　구자　기갈소인　부득음식　이변횡사

是爲如來　略說橫死　有此九種.
시위여래　약설횡사　유차구종

其餘復有　無量諸橫　難可具說.
기여부유　무량제횡　난가구설

"두 번째는 국법으로 억울하게 죽임을 당하는 횡사입니다. 세 번째는 짐승을 잡아 죽이는 일을 즐기고 색을 탐하며 술을 좋아하면서 방탕하여 절제된 생활을 하지 못하다가 사람이 아닌 요괴들에게 정기를 빼앗겨 횡사하는 것입니다.

네 번째는 불에 타죽는 횡사입니다.
다섯 번째는 물에 빠져 죽는 횡사입니다.
여섯 번째는 온갖 사나운 짐승에게 잡아먹히는 횡사입니다.

일곱 번째는 높은 절벽에서 떨어져 죽는 횡사입니다.
여덟 번째는 독약이나 가위눌림, 저주, 시체가 일어나 놀라 까무러침으로 인하여 죽는 횡사입니다.
아홉 번째는 굶주리고 목마름에 시달려도 음식을 구하지 못하여 죽는 횡사입니다.

이것이 부처님께서 간략하게 말씀하신 아홉 가지 횡사입니다. 그밖에 또 헤아릴 수 없이 많은 온갖 횡사가 있지만 다 갖추어 설명하기가 어렵습니다."

復次阿難　彼琰魔王　簿錄世間　所有名籍　若諸有情
부차아난　피염마왕　부록세간　소유명자　약제유정

不孝五逆　毁辱三寶　壞君臣法　破於禁戒.　琰魔法王
불효오역　훼욕삼보　괴군신법　파어금계　염마법왕

隨罪輕重　考而罰之.
수죄경중　고이벌지

是故我今　勸諸有情　然燈造幡　放生修福　令度苦厄
시고아금　권제유정　연등조번　방생수복　영도고액

不遭衆難.
부조중난

爾時衆中　有十二藥叉大將　俱在會坐　其名曰
이시중중　유십이야차대장　구재회좌　기명왈

宮毗羅大將　跋折羅大將　迷企羅大將　頞儞羅大將　末
궁비라대장　발절라대장　미기라대장　알이라대장　말

儞羅大將　娑儞羅大將　因陀羅大將　婆夷羅大將　簿呼
이라대장　사이라대장　인다라대장　바이라대장　부호

羅大將　眞達羅大將　朱杜羅大將　毗羯羅大將.
라대장　진달라대장　주두라대장　비갈라대장

158

"큰 덕망이 있으신 아난이시여! 염라대왕은 저승의 장부에 중생들이 효도하지 않고 용서받지 못할 죄를 저지른 죄, 삼보를 비방하고 욕을 한 죄, 임금과 신하의 법도를 무너뜨린 죄, 계율을 파괴한 죄 등 세간의 온갖 일을 기록하고 있습니다. 이것에 의하여 염라대왕은 가볍고 무거운 죄에 따라 형량을 밝히고 벌을 주는 것입니다.

이 때문에 제가 지금 중생에게 등불을 켜고 깃발을 만들며 죽을 생명을 살려주고 복을 닦도록 권하는 것은, 그들이 병고와 재앙을 벗어나 온갖 재난을 만나지 않게 하려는 것입니다."

야차의 대장이 이 경전을 지켜주리

그때 대중 가운데 야차의 대장 열두 분이 함께 그 법회에 앉아 있었다. 그 이름은 궁비라, 발절라, 미기라, 알이라, 말이라, 사이라, 인다라, 바이라, 부호라, 진달라, 주두라, 비갈라 대장이었다.

此十二藥叉大將 一一各有 七千藥叉 以為眷屬 同時
차 십 이 야 차 대 장 일 일 각 유 칠 천 야 차 이 위 권 속 동 시

舉聲 白佛言
거 성 백 불 언

世尊 我等今者 蒙佛威力 得聞七佛 如來名號
세 존 아 등 금 자 몽 불 위 력 득 문 칠 불 여 래 명 호

於諸惡趣 無復怖畏. 我等相率 皆同一心 乃至盡形
어 제 악 취 무 부 포 외 아 등 상 솔 개 동 일 심 내 지 진 형

歸佛法僧. 誓當荷負 一切有情 為作義利 饒益安樂.
귀 불 법 승 서 당 하 부 일 체 유 정 위 작 의 리 요 익 안 락

隨於何處 城邑聚落 空閒林中 若有此經 流布讀誦
수 어 하 처 성 읍 취 락 공 한 림 중 약 유 차 경 유 포 독 송

或復受持 七佛名號 恭敬供養者 我等眷屬 衛護是人
혹 부 수 지 칠 불 명 호 공 경 공 양 자 아 등 권 속 위 호 시 인

令脫眾難 所有願求 悉令滿足.
영 탈 중 난 소 유 원 구 실 령 만 족

或有疾厄 求度脫者 亦應讀誦此經 以五色縷 結我名
혹 유 질 액 구 도 탈 자 역 응 독 송 차 경 이 오 색 루 결 아 명

字 得如願已 然後解結.
자 득 여 원 이 연 후 해 결

이 열두 야차의 대장은 저마다 칠천 야차 권속을 거느리고 있었는데 이들이 동시에 소리 내어 부처님께 사뢰었다.

"세존이시여, 저희는 지금 부처님의 위엄과 신통의 힘으로 일곱 분의 부처님 명호를 듣고는 나쁜 세상 어디에서도 다시 두려워할 일이 없습니다. 저희는 서로 돕고 서로 한마음이 되어 이 목숨이 다하도록 불법승 삼보에 귀의하옵니다. 맹세코 저희는 모든 중생들로 하여금 옳고도 이로운 일을 하게하고 풍요로우며 안락하도록 하겠습니다.

도시나 시골, 깊은 숲속 어디든지 이 경전이 유포되어, 읽고 외운다거나 혹 일곱 분 부처님 명호를 받아 지녀 공경하며 공양 올리는 사람이 있다면, 저희 권속은 이분을 호위하고 모든 재난에서 벗어나게 하며 바라는 온갖 것이 모두 갖추어지도록 하겠습니다.

만일 병고나 재앙에서 벗어나고자 하는 사람이 있다면 이 경전을 독송하며 오색실로 저희들 야차의 이름을 매듭지어 놓고 그 소원이 이루어진 뒤에 그 매듭을 풀어야 할 것입니다."

爾時世尊　讚諸藥叉大將言
이시세존　찬제야차대장언

善哉善哉　大藥叉將　汝等　念報七佛　如來恩德者
선재선재　대야차장　여등　염보칠불　여래은덕자

常應如是　利益安樂　一切有情.
상응여시　이익안락　일체유정

爾時會中　有多天衆　智慧鮮少　作如是念　云何過是
이시회중　유다천중　지혜선소　작여시념　운하과시

殑伽河沙　諸佛世界　現在如來　暫聞名者　便獲無邊
긍가하사　제불세계　현재여래　잠문명자　변획무변

殊勝功德.
수승공덕

그때 부처님께서 야차대장 모두를 칭찬하며 말씀하셨다.

"착하고 착하도다. 야차의 대장들이여! 그대들이 일곱 분 부처님의 은덕에 보답하고자 한다면, 언제나 이와 같이 모든 중생에게 이익과 안락을 주어야 할 것이다."

하늘 신들의 의혹이 풀리다

그때 법회 대중 가운데 있던 지혜롭지 못한 많은 하늘 신들이 '갠지스강 모래알 수만큼의 모든 부처님 세계를 지나서 있는 사람들이 이 일곱 분의 부처님 명호를 잠깐 듣고 어떻게 바로 헤아릴 수 없이 많은 뛰어난 공덕을 얻을 수 있단 말인가.'라고 생각하였다.

爾時 釋迦牟尼如來 知諸天衆 心之所念 卽入驚召一
이시 석가모니여래 지제천중 심지소념 즉입경소일

切如來甚深妙定. 纔入定已 一切三千 大千世界
체여래심심묘정 재입정이 일체삼천 대천세계

六種震動 雨天妙花 及天香末. 彼七如來 見是相已
육종진동 우천묘화 급천향말 피칠여래 견시상이

各從其國來至索訶[1]世界 與釋迦如來 共相問訊.
각종기국래지색가 세계 여석가여래 공상문신

時 佛世尊 由其先世 本願力故 各各自於 天寶莊嚴
시 불세존 유기선세 본원력고 각각자어 천보장엄

師子座上 隨處安坐. 諸菩薩衆 天龍八部 人非人等
사자좌상 수처안좌 제보살중 천룡팔부 인비인등

國王王子 中宮妃主 並諸大臣 婆羅門 長者居士
국왕왕자 중궁비주 병제대신 바라문 장자거사

前後圍繞 而為說法時諸天衆 見彼如來 皆已雲集 生
전후위요 이위설법시제천중 견피여래 개이운집 생

大希有 疑惑便除. 時諸大衆 歎未曾有 同聲讚言.
대희유 의혹변제 시제대중 탄미증유 동성찬언

---

1. 산스크리트 Saha에서 유래한 것으로, 음역하여 사하沙河, 색가索訶라 하는데 사바세계를 말한다.

그러자 석가모니 부처님께서 하늘 신들이 생각하는 바를 알고 곧 '모든 여래를 일깨워 불러들이는 깊고 깊은 오묘한 선정'에 드셨다. 선정에 들자마자 모든 삼천대천세계가 여섯 가지 모습으로 흔들리고 천상의 신묘한 꽃과 향 가루가 비 오듯이 쏟아졌다.

그때 일곱 분의 부처님께서 이 모습을 보시고 저마다 당신의 국토에서 사바세계로 오시어 석가여래 부처님과 만나 서로 인사를 나누셨다. 그러고 나서 일곱 분의 부처님은 전생의 본디 원력으로 말미암아 천상의 보배로 장엄한 사자좌에 앉으셨다.

그리고 모든 보살과 하늘 신, 용, 팔부신중, 사람, 사람이 아닌 중생, 임금, 왕자, 왕후, 공주, 많은 대신, 바라문, 장자, 거사들에게 앞뒤로 둘러싸여 법을 설하셨다.

그때 하늘 신들은 일곱 분의 부처님 주변으로 구름처럼 모인 대중의 모습을 보고는 참으로 희유한 일이라는 생각이 들며 갖고 있던 의혹이 바로 풀리게 되었다. 그제야 하늘 신들은 일찍이 없던 일이라 감탄하며 한목소리로 찬탄하여 말하였다.

善哉善哉　釋迦如來　饒益我等　為除疑念　令彼如來
선재선재　석가여래　요익아등　위제의념　영피여래

皆至於此.
개지어차

時諸大衆　各隨其力　以妙香華　及衆瓔珞　諸天伎樂
시제대중　각수기력　이묘향화　급중영락　제천기악

供養如來　右繞七匝　合掌禮敬　讚言
공양여래　우요칠잡　합장예경　찬언

希有希有　諸佛如來　甚深境界　不可思議.
희유희유　제불여래　심심경계　불가사의

由先願力　善巧方便　共現如是　奇異之相.
유선원력　선교방편　공현여시　기이지상

爾時大衆　各各發願　願諸衆生　皆得如是　如來勝定.
이시대중　각각발원　원제중생　개득여시　여래승정

"참으로 훌륭하고 훌륭하십니다. 석가여래 부처님이시여! 저희를 이롭게 하고 우리들의 의혹을 풀어주기 위하여 일곱 분의 부처님을 모두 이곳에 오시도록 하셨습니다."

그러고 나서 하늘 신들은 저마다 정성껏 오묘하게 향기로운 꽃, 찬란한 온갖 옥구슬, 하늘 신의 춤과 노래로 부처님께 공양을 올리고 존경의 표시로 오른쪽으로 일곱 번을 돌며 두 손 모아 예배하고 공경하며 찬탄하여 말하였다.

"희유하고 희유한 일이오니, 모든 부처님의 깊고 깊은 경계는 참으로 불가사의합니다. 이는 본원력의 훌륭한 방편으로 말미암아 이와 같은 신기하고 특이한 모습이 함께 드러나는 것입니다."

이때 대중들은 저마다 발원하기를 "바라옵건대 모든 중생이 다 이와 같은 여래의 뛰어난 선정을 얻게 하여 주옵소서."라고 하였다.

爾時　曼殊室利　卽從座起
이시　만수실리　즉종좌기

合掌恭敬　繞佛七匝　禮雙足已　白言世尊
합장공경　요불칠잡　예쌍족이　백언세존

善哉善哉　如來定力　不可思議.　由本願力　方便善巧
선재선재　여래정력　불가사의　유본원력　방편선교

成就衆生.　唯願為說　大力神咒　能令來世　薄福衆生
성취중생　유원위설　대력신주　능령내세　박복중생

病惱所纏　日月星辰　所有厄難　疫病怨惡　及行險道
병뇌소전　일월성신　소유액난　역병원악　급행험도

遭諸恐怖　為作歸依　令得安隱.
조제공포　위작귀의　영득안은

彼諸衆生　於此神咒　若自書　教人書　受持讀誦　廣為
피제중생　어차신주　약자서　교인서　수지독송　광위

他說　常蒙諸佛之所護念　佛自現身　令願滿足　不墮惡
타설　상몽제불지소호념　불자현신　영원만족　불타악

趣　亦無橫死.
취　역무횡사

모든 병고의 재난에서 벗어나게 할 대력신주

그때 문수보살이 자리에서 일어나 두 손을 모으고 공손히 존경하는 마음으로 부처님을 일곱 번 돌고 두 발 아래 예배를 올리며 부처님께 사뢰었다.

"너무나 좋고도 좋은 일이니 부처님 선정의 힘은 참으로 불가사의합니다. 본원력의 정당한 방편으로 중생의 믿음을 이루게 하십니다. 다만 바라옵건대 '부처님의 힘이 흘러나오는 신통한 주문'을 설하시어, 오는 세상에서 박복한 중생들이 시달리는 병고, 해와 달과 별자리 변동으로 오는 재앙이나 나쁜 돌림병, 험난한 여정에서 오는 공포에서 벗어나 부처님께 귀의하여 편안하고 행복하게 해 주시옵소서.

어떤 중생이 이 신주를 사경하거나 남을 시켜 사경하여 받아지니고 독송하며 널리 다른 사람을 위하여 일러 준다면, 늘 모든 부처님께서 몸소 나타나 소원을 들어주시며 나쁜 세상 어디에도 떨어지지 않게 하시고 횡사하는 일도 없게 하실 것입니다."

時諸如來　讚曼殊室利言
시제여래　찬만수실리언

善哉善哉　此是我等　威神之力　令汝勸請　哀愍衆生
선재선재　차시아등　위신지력　영여권청　애민중생

離諸苦難　為說神咒.　汝應諦聽　善思念之　我當為說.
이제고난　위설신주　여응체청　선사념지　아당위설

曼殊室利　有大神咒　名曰　如來定力琉璃光.
만수실리　유대신주　명왈　여래정력유리광

若有男子女人　書寫讀誦　恭敬供養　於諸含識
약유남자여인　서사독송　공경공양　어제함식

起大悲心　所有願求　皆得滿足.
기대비심　소유원구　개득만족

諸佛現身　而為護念　離衆障惱　當生佛國.
제불현신　이위호념　이중장뇌　당생불국

時七如來　以一音聲　卽說咒曰
시칠여래　이일음성　즉설주왈

이때 부처님께서 문수보살을 칭찬하여 말씀하셨다.

"착하고 착하도다. 이것은 부처님의 위엄과 신통이니, 이 힘으로 그대가 간절히 법을 청하여 가련한 중생을 모든 병고의 재난에서 벗어나게 할 '부처님의 힘이 흘러나오는 신통한 주문'을 설하게 하는구나. 그대는 자세히 듣고 잘 생각하라. 내가 마땅히 신주를 설하리라. 문수보살이여, '부처님의 힘이 흘러나오는 신통한 주문'의 이름은 '부처님의 마음에서 나오는 맑고 투명한 유리 빛[如來定力瑠璃光]'이라 한다.

어떤 사람이든 이 신주를 사경하고 독송하며, 부처님을 공경하고 공양을 올리면서 모든 중생에게 대자대비의 마음을 일으킨다면, 그 사람이 바라는 대로 온갖 것을 빠짐없이 다 갖추게 될 것이다. 모든 부처님이 몸을 나토시어 보호를 해 줄 것이고, 온갖 장애와 번뇌에서 벗어날 것이며, 부처님의 국토에 태어날 것이다."

그때 일곱 분의 부처님께서 한목소리로 '부처님의 공덕이 흘러나오는 신통한 주문'을 말씀하시었다.

칠불여래 부처님 다라니

달질타 구미구미 예니미니히 말저말저 삽다달타 아다
삼마지 알제슬치제 알제말제 파예 파피수단이 살바파
피나세야 발제발도 올답미 오미구미 불탁기달라 발리
수단이 담미네담미 미로미로 미로시걸려 살바가라 밀
율도 니바라이 발제소발제 불타알제 슬타니나 갈락차
도미 살바제바 삼미알삼미 삼만다 한란도미 살바붇타
보제살타 점미점미 발라점만도미 살바이저 오파달바
살바비하대야 살바살타 난자보란니 보란니 보란야미
살바아사 폐유리야 발라저바세 살바파피 차양갈려 사
바하.

爾時 七佛　說此咒時　光明普照　大地震動　種種神變
이시 칠불　설차주시　광명보조　대지진동　종종신변

一時俱現. 時諸大衆　見此事已　各各隨力　以天香花
일시구현　시제대중　견차사이　각각수력　이천향화

塗香末香　奉上彼佛　咸唱善哉右繞七匝.
도향말향　봉상피불　함창선재우요칠잡

彼佛世尊　同聲唱言　汝等一切　人天大衆　應如是知.
피불세존　동성창언　여등일체　인천대중　응여시지

若有善男子　善女人　若王王子　妃後大臣　寮庶之類
약유선남자　선여인　약왕왕자　비후대신　요서지류

若於此咒　受持讀誦　聽聞演說　以妙香花　供養經卷
약어차주　수지독송　청문연설　이묘향화　공양경권

著新淨衣　在清淨處　持八戒齋[1]　於諸含識[2]　常生
착신정의　재청정처　지팔계재　어제함식　상생

慈愍　如是供養　得無量福.
자민　여시공양　득무량복

---

1. 이 '팔관재계八關齋戒'는 '공덕을 키워 내는 여덟 가지 계[八種長養功德法]'라고도 한다. 팔관재계의
   아홉 가지 내용 가운데 앞에서부터 여덟 가지를 '계戒'라 하고, 아홉 번째의 '때 아닌 때 먹지
   않는 것'을 '재齋'라 한다. 그러므로 팔관재계란 계법과 재법을 하나로 만들어 부른 이름이다.
   '관關'이란 여덟 가지 악을 가로막아서 모든 허물이 일어나지 않도록 함을 말한다. '재齋'란 삼간다는
   것과 같은 말이다. 눈, 귀, 코, 혀, 몸, 뜻의 여섯 가지 깨닫는 세계를 잘 다스려 모습, 소리,
   냄새, 맛, 느낌, 고정관념의 여섯 가지 경계에 물들지 않게 함을 이른 것이다. 모든 악을 끊고
   선을 갖추어 닦으므로 '재'라고 하기도 한다.
2. 함식含識은 신령스런 알음알이를 가지고 있다는 뜻으로 중생을 이르는 말이다.

일곱 분의 부처님께서 이 신주를 설하실 때, 광명이 두루 비치고 온 대지가 진동하며 갖가지 신통과 변화가 한꺼번에 나타났다. 이에 모든 대중은 이런 모습을 보고 저마다 정성껏 천상의 향기를 지닌 꽃, 바르는 향, 가루 향을 부처님께 바치고 다 함께 "참으로 희유한 일입니다!"라고 찬탄하며 존경의 표시로 오른쪽으로 일곱 번을 돌았다.

모든 부처님께서도 한목소리로 말씀하셨다.

"그대들 모든 사람이나 하늘 신들은 이와 같이 알아야 한다. 만약 선남자, 선여인, 임금, 왕후, 왕자, 대신, 관료, 백성들이 이 신주를 받아 지녀 독송하고 이 신주의 공덕을 말하는 내용을 듣는다면, 미묘한 향과 꽃으로 이 경전에 공양을 올려야 한다. 깨끗한 새 옷을 입고 맑고 깨끗한 곳에서 팔관재계를 지키며 모든 중생에게 늘 자비로운 마음을 내면서 정성껏 공양을 올린다면 한량없는 복을 얻게 될 것이다."

若復有人　有所祈願　應當造此　七佛形像　可於靜處
약부유인　유소기원　응당조차　칠불형상　가어정처

以諸香華　懸繒幡蓋　上妙飮食　及諸伎樂　而爲供養
이제향화　현증번개　상묘음식　급제기악　이위공양

並復供養　菩薩諸天.　在佛像前　端坐誦咒　於七日中
병부공양　보살제천　재불상전　단좌송주　어칠일중

持八戒齋　誦滿一千八遍.　彼諸如來　及諸菩薩　悉皆
지팔계재　송만일천팔편　피제여래　급제보살　실개

護念　執金剛菩薩　並諸釋梵　四天王等　亦來護衛.
호념　집금강보살　병제석범　사천왕등　역래호위

此人所有　五無間罪[1]　一切業障　悉皆消滅　無病延年
차인소유　오무간죄　일체업장　실개소멸　무병연년

亦無橫死　及諸疾疫.　他方賊盜　欲來侵境　鬪諍戰陣
역무횡사　급제질역　타방적도　욕래침경　투쟁전진

言訟仇隙　饑儉旱澇　如是等怖　一切皆除　共起慈心
언송구극　기검한로　여시등포　일체개제　공기자심

猶如父母　有所願求　無不遂意.
유여부모　유소원구　무불수의

---

1. 오무간죄는 무간지옥에 떨어진다고 하는 다섯 가지 죄악을 말한다. 첫 번째는 부처님의 몸에 피를 내는 죄악이요, 두 번째는 아버지를 죽인 죄악이며, 세 번째는 어머니를 죽인 죄악이고, 네 번째는 아라한을 죽인 죄악이며, 다섯 번째는 대중들의 화합을 깨뜨린 죄악이다.

"또 기도를 올릴 때는 일곱 분 부처님의 성스러운 모습을 조성하여 고요한 곳에 모시고 온갖 향기로운 향, 아름다운 꽃, 비단 깃발과 양산, 좋은 음식, 춤과 노래로 공양을 올리고, 아울러 보살과 모든 하늘 신에게도 공양을 올려야 한다.

부처님의 성스러운 모습 앞에서 단정히 앉아 신주를 외우며 7일 동안 팔관재계를 지키면서 1080번을 외워야 한다. 그러면 모든 부처님과 보살들이 다 보살펴주고 금강저를 든 보살, 제석천, 범천, 사대천왕들도 와서 그 사람을 호위하게 될 것이다.

무간지옥에 들어갈 다섯 가지 죄와 모든 업장이 전부 다 없어지고 병이 없이 오래 살며 횡사하거나 돌림병으로 죽는 일도 없게 될 것이다.

다른 나라의 침략, 전쟁, 재판으로 원수지는 일, 굶주리는 흉년, 가뭄, 장마와 같은 모든 재난에 대한 두려움이 남김없이 제거되고 어버이처럼 자비로운 마음이 나오니 바라는 것이 뜻대로 다 이루어지지 않을 게 없다."

爾時　執金剛菩薩　釋梵四天王　從座而起　合掌恭敬
이시　집금강보살　석범사천왕　종좌이기　합장공경

禮釋迦牟尼佛足　白言世尊.
예석가모니불족　백언세존

我等大衆　皆已得聞　諸佛本願　殊勝功德　及見諸佛
아등대중　개이득문　제불본원　수승공덕　급견제불

慈悲至此　令我衆生　親承供養.
자비지차　영아중생　친승공양

世尊　若於其處　有此經典　及七佛名　陀羅尼法　流通
세존　약어기처　유차경전　급칠불명　다라니법　유통

供養　乃至書寫　我等悉皆　承佛威力　卽往其處　擁護
공양　내지서사　아등실개　승불위력　즉왕기처　옹호

於彼.　國王大臣　城邑聚落　男子女人　勿令衆苦　及諸
어피　국왕대신　성읍취락　남자여인　물령중고　급제

疾病之所煩惱　常得安穩　財食豐足　我等卽是　報諸佛
질병지소번뇌　상득안온　재식풍족　아등즉시　보제불

恩　世尊　我等　親於佛前　自立要誓若有淨信　男子女
은　세존　아등　친어불전　자립요서약유정신　남자여

人　憶念我者　應誦此呪.　卽說呪曰
인　억념아자　응송차주　즉설주왈

집금강보살 제석천왕 범천왕 사천왕의 다라니

그때 금강저를 든 보살, 제석천, 범천, 사대천왕이 자리에서 일어나 두 손 모아 공경하며 석가모니 부처님의 발에 예배를 올리고 사뢰었다.

"세존이시여, 저희 대중은 모두 모든 부처님 본디 원력의 뛰어난 공덕을 듣고 그분들의 자비심이 여기까지 미치는 것을 보고, 직접 몸소 부처님께 공양을 올리게 되었습니다. 세존이시여, 만약 어떤 사람이 이 경전과 일곱 분 부처님 명호와 다라니가 있는 곳에서 이를 널리 유통하고 공양을 올리며 한 자씩 한 자씩 정성껏 옮겨 쓴다면, 저희는 모두 부처님의 위엄과 신통으로 그곳에 나아가 그들을 감싸 안고 보호할 것입니다. 임금, 대신, 도시나 시골의 온갖 남녀에게 어떤 고통이나 질병으로 인한 번뇌 없이 늘 안락하고 재물과 의식이 풍족하도록 하겠으니, 이것이 곧 저희가 모든 부처님의 깊은 은혜에 보답하는 것입니다. 세존이시여, 저희가 부처님 앞에서 직접 중요한 서원을 세웠으니, 만약 깨끗한 믿음을 지닌 선남자 선여인이 저희를 기억하고 있다면 이 신주를 외워야만 합니다."

그리고는 곧 신주를 설하여 말하였다.

집금강보살 석범사천왕의 다라니

달질타 요구막구 달라구 마마구구쇄 가호갑 말라말라

말라 긴수쇄포쇄 사바하.

若有淨信　男子女人　國王王子　大臣輔相　中宮婇女
약유정신　남자여인　국왕왕자　대신보상　중궁채녀

誦七佛名　及此神咒　讀誦書寫　恭敬供養　現世皆得
송칠불명　급차신주　독송서사　공경공양　현세개득

無病長壽　離衆苦惱　不墮三途　得不退轉　乃至菩提.
무병장수　이중고뇌　불타삼도　득불퇴전　내지보리

彼諸佛土　隨意受生　常見諸佛　得宿命智　念定總持[1]
피제불토　수의수생　상견제불　득숙명지　염정총지

無不具足.　若患鬼瘧等病　當書此咒　繫之肘後　病若
무불구족　약환귀학등병　당서차주　계지주후　병약

差已　置清淨處.
차이　치청정처

---

1. '다라니'란 말은 많은 뜻을 가지고 있으므로 범어 그대로 두고 번역하지 않는다. 억지로 번역하면 '총지總持'라고 하니, 티끌 수 모래알만큼의 공덕 작용을 총체적으로 지니고 있다는 뜻을 의미한다. 이 주문에 들어있는 미묘한 뜻과 신비한 힘은 말로 다 설명할 수 없고 중생의 생각으로 헤아릴 수 없어 '신주' 또는 '비밀주'라고 하며 또 '진언'이라 말하기도 한다. '주呪'에 담겨 있는 부처님의 뜻을 어떤 각도에서 풀이하느냐에 따라 이름이 달라질 뿐 그 근본 바탕은 같다. 부처님의 모든 공덕이 담겨 있는 주문을 정성껏 외움으로써 생기는 힘을 주력이라고 한다. 이 주력을 통하여 우리는 많은 장애를 제거하여 성불할 수 있고 뜻하고 원하는 바를 성취할 수 있다.

"또 깨끗한 믿음을 지닌 선남자, 선여인, 임금, 왕자, 왕후, 궁녀, 대신, 관료들이 일곱 분의 부처님 명호를 부르고 이 신주를 독송하고 사경하며 부처님께 공경하는 마음으로 공양을 올린다면, 그 누구나 다 현세에 병이 없이 오래 살고, 온갖 고뇌를 벗어나 나쁜 세상 어디에도 떨어지지 않으며, 수행에서 물러나지 않고 정진하여 부처님의 세상을 얻게 될 것입니다.

그리고 일곱 분 부처님의 세계에 마음먹은 대로 태어나 항상 모든 부처님을 뵙고 전생을 알 수 있는 신통을 얻으며, 정념正念, 정정正定, 총지를 다 갖추지 않을 것이 없습니다. 또 귀신에게 시달리거나 학질 같은 병을 앓는다면, 이 신주를 써놓은 부적을 팔꿈치 뒷부분의 옷 속에 매어 두었다가 병이 나은 뒤에는 맑고 깨끗한 곳에 잘 보관해야 합니다."

爾時
이 시

執金剛菩薩　詣七佛所　右繞三匝　各申禮敬　白言
집금강보살　예칠불소　우요삼잡　각신예경　백언

世尊
세 존

惟願慈悲　護念於我　我今為欲　饒益未來　男子女人
유원자비　호념어아　아금위욕　요익미래　남자여인

持是經者　我更為說　陀羅尼咒.
지시경자　아갱위설　다라니주

時彼七佛　讚執金剛言　善哉善哉　執金剛.　我加護汝
시피칠불　찬집금강언　선재선재　집금강　아가호여

可說神咒　為護未來　持經之人　令無衆惱　所求滿足.
가설신주　위호미래　지경지인　영무중뇌　소구만족

時　執金剛菩薩　卽說咒曰
시　집금강보살　즉설주왈

집금강보살 다라니

그때 '금강저를 든 보살'이 일곱 부처님 앞에 나아가 존경의 표시로 오른쪽으로 세 번 돌고 공손히 예배를 올린 다음 사뢰었다.

"세존이시여, 원하옵건대 자비를 베푸시어 저를 지키고 보호하여 주시옵소서! 이제 저는 오는 세상에서 이 경전을 지닌 선남자 선여인에게 많은 이익을 주기 위하여 다시 '다라니 주문'을 설하겠습니다."

이에 일곱 분 부처님은 '금강저를 든 보살'을 칭찬하여 말씀하셨다.

"착하고 착하도다, '금강저를 든 보살'이여! 우리가 그대를 더욱 보살펴 줄 것이니 신주를 설하여 오는 세상에서 이 경전을 지닌 사람을 지키고 보호하여 온갖 고뇌에서 벗어나게 하며 그들이 구하는 바를 다 갖추게 해 주어야 한다."

그때 '금강저를 든 보살'이 다라니를 설하였다.

집금강보살 다라니

남마삽다남 삼먁삼붇타남 남마살바발절라 달라남 달질타 옴 발절쇄 발절쇄막하 발절쇄 발절라파사 타라이삼마 삼마삼만다 아발라저 알다발절쇄 점마점마 발라점만도미 살바하대야 구로구로 살바갈마 아대라나 이차야삼마야 말노삼말라 부가반발절라 파이살바사 미발리보라야 사바하.

世尊 若復有人 持七佛名 憶念彼佛 本願功德 並持
세존 약부유인 지칠불명 억념피불 본원공덕 병지

此咒 讀誦演說 我令彼人 所願滿足 無所乏少. 若欲
차주 독송연설 아령피인 소원만족 무소핍소 약욕

見我 問善惡者 應當書寫此經 造七佛像 並執金剛菩
견아 문선악자 응당서사차경 조칠불상 병집금강보

薩像 皆於像身 安佛舍利 於此像前 如上所說 種種
살상 개어상신 안불사리 어차상전 여상소설 종종

供養 禮拜旋繞. 於眾生處起慈悲心 受八戒齋 日別
공양 예배선요 어중생처기자비심 수팔계재 일별

三時 澡浴清淨 三時 衣別從白 月八日至十五日 每
삼시 조욕청정 삼시 의별종백 월팔일지십오일 매

日誦咒 一百八遍 心無散亂. 我於夢中 即自現身 共
일송주 일백팔편 심무산란 아어몽중 즉자현신 공

為言說 隨所求者 皆令滿足.
위언설 수소구자 개령만족

時 大會中 有諸菩薩 皆悉唱言
시 대회중 유제보살 개실창언

善哉善哉 執金剛 陀羅尼 不可思議 實為善說.
선재선재 집금강 다라니 불가사의 실위선설

188

"또 세존이시여, 어떤 사람이 일곱 분의 부처님 명호를 지니고 그 부처님 본원력의 공덕을 기억하며 이 다라니를 수지독송하고 다른 사람에게 말하여 준다면, 저는 그 사람의 소원이 다 이루어져 부족함이 없도록 하겠습니다.

또 저를 만나 좋은 일이나 나쁜 일을 묻고자 하는 사람이 있다면, 마땅히 이 경전을 한 자씩 한 자씩 정성껏 옮겨 쓰고 일곱 부처님과 '금강저를 든 보살'의 성스러운 모습을 만들어 그 앞에 부처님의 사리를 모셔 두어야 합니다.

그리고 이 성스러운 모습 앞에 온갖 공양을 올리고 예배하며 존경의 표시로 오른쪽으로 돌아야 합니다. 또한 중생에게 자비로운 마음을 일으키며 팔관재계를 받아 하루 세 때 깨끗하게 목욕하고 다른 옷으로 갈아입어 정갈해야 합니다.

초파일부터 보름날까지 칠일 밤낮으로 매일 '다라니 신주'를 108번씩 외워 산란한 마음이 없어야 합니다. 그러면 제가 꿈속에서 나타나 좋은 일이나 나쁜 일을 설명하여 그들이 원하는 바를 모두 만족시키도록 하겠습니다."

그때 그 법회에 있던 모든 보살이 다 함께 찬탄하여 말하였다.
"참 잘하신 일입니다. 금강저를 든 보살이여! 불가사의한 '다라니 신주'를 참으로 잘 말씀해 주셨습니다."

時 七如來 作如是語 我等 護汝所說神呪 為欲饒益
시 칠여래 작여시어 아등 호여소설신주 위욕요익

一切衆生 皆得安樂 所求願滿. 不令此呪 隱沒於世.
일체중생 개득안락 소구원만 불령차주 은몰어세

爾時 七佛 告諸菩薩釋梵四天王 曰 我今 以此神呪
이시 칠불 고제보살석범사천왕 왈 아금 이차신주

付屬汝等 並此經卷 於未來世 後五百歲 法欲滅時
부속여등 병차경권 어미래세 후오백세 법욕멸시

汝等皆應 護持是經 此經威力 利益甚多 能除衆罪
여등개응 호지시경 차경위력 이익심다 능제중죄

善願皆遂. 勿於薄福衆生 誹謗正法 毀賢聖者 授與斯
선원개수 물어박복중생 비방정법 훼현성자 수여사

經令法速滅爾時 東方七佛世尊 見此大衆 所作已辦
경영법속멸이시 동방칠불세존 견차대중 소작이판

機緣滿足 無復疑心 各還本土 於其座上 忽然不現.
기연만족 무부의심 각환본도 어기좌상 홀연불현

190

11장. 이 신주와 경전을 그대들에게 부촉하니

이에 일곱 분의 부처님께서 말씀하셨다.

"우리는 그대가 설한 '다라니 신주'를 잘 지키고 보호하여, 모든 중생이 이익을 얻어 안락해지고 소원을 다 이루도록 하겠다. 또 이 신주가 세상에서 없어지지 않도록 하겠다."

그리고 다시 일곱 분의 부처님은 모든 보살, 제석천, 범천, 사대천왕에게 말씀하셨다.

"우리가 지금 '다라니 신주'와 경전을 그대들에게 잘 보존하도록 당부하니, 오는 세상 오백년 뒤 불법이 없어지려 할 때, 그대들은 모두 이 경전을 잘 지키고 보호해야 할 것이다. 이 경전의 위력과 이익은 참으로 크니 온갖 죄가 없어지고 참된 소원을 다 이루게 한다. 그러나 정법을 비방하고 성현을 헐뜯는 박복한 중생에게 이 경전을 함부로 전하여 부처님의 법이 쉽게 사라지는 일은 없도록 하라."

그때 동방세계에서 오신 일곱 분의 부처님께서 대중이 깨달음을 얻고 근기와 인연이 모두 충족되어 또 다른 의심이 없음을 아시고 저마다의 불국토로 돌아가시니 사자좌에서 홀연 그 모습이 사라졌다.

爾時
이 시

具壽阿難陀　卽從座起　禮佛雙足　右膝著地　合掌恭敬
구수아난다　즉종좌기　예불쌍족　우슬착지　합장공경

而白佛言
이백불언

世尊　當何名此經　我等　云何受持
세존　당하명차경　아등　운하수지

佛告　阿難陀
불고　아난다

此經名為　七佛如來應正等覺　本願功德　殊勝莊嚴
차경명위　칠불여래응정등각　본원공덕　수승장엄

亦名　曼殊室利所問　亦名　藥師琉璃光如來本願功德
역명　만수실리소문　역명　약사유리광여래본원공덕

亦名　執金剛菩薩發願要期　亦名　淨除一切業障　亦名
역명　집금강보살발원요기　역명　정제일체업장　역명

所有願求皆得圓滿　亦名　十二大將發願護持.
소유원구개득원만　역명　십이대장발원호지

如是名字　汝當奉持.
여시명자　여당봉지

그때 비구 아난이 자리에서 일어나 부처님의 두 발에 예배를 올리고 존경의 표시로 오른쪽 무릎을 땅에 대고 두 손 모아 공손하게 부처님께 사뢰었다.

"세존이시여, 이 경전의 이름을 무어라 불러야 하고 저희는 어떻게 받아 지녀야 합니까?"

부처님께서 아난에게 말씀하셨다.

"이 경의 이름은 일곱 분 부처님의 공덕에 대한 뛰어난 가르침이라고 하여 '칠불여래응정등각 본원공덕 수승장엄경'이라 한다. 또한 문수보살의 질문에 대한 가르침이라 하여 '문수실리 소문경', 약사유리광 부처님의 본원력에 대한 가르침이라 하여 '약사유리광 여래 본원공덕경', 금강저를 든 보살의 발원에 대한 가르침이라 하여 '집금강보살 발원요기경', 중생의 모든 업장을 깨끗이 없애는 가르침이라 하여 '정제일체업장경', 소원대로 모든 것을 다 오롯하게 만족시키는 가르침이라 하여 '소유원구 개득원만경', 열두 야차대장이 부처님의 가르침을 지키고 보호하고자 원력을 세우는 '십이대장 발원호지경'이라 하기도 하니, 그대들은 이와 같은 이름으로 이 경전을 받들어 지녀야 한다."

時 薄伽梵 說是經已 諸大菩薩 及聲聞衆 天龍藥叉
시 바가범 설시경이 제대보살 급성문중 천룡야차

建闥婆 阿蘇羅 揭路荼 緊那羅 莫呼洛伽 人非人等
건달바 아수라 가루다 긴나라 마후라가 인비인등

一切大衆 聞佛所說 皆大歡喜 信受奉行.
일체대중 문불소설 개대환희 신수봉행

이때 부처님께서 이 가르침을 설해 마치자 모든 큰 보살님, 성문, 하늘 신, 용, 야차, 건달바, 아수라, 가루다, 긴나라, 마후라가, 사람, '사람의 모습을 갖추지 못한 중생' 등 모든 대중이 부처님의 가르침을 듣고 다 함께 기뻐하며 이 경전을 믿고 받들어 그 가르침을 실천하였다.

팔관재계

八關齋戒

신을 찾아 헤매는 일이여
만나는 것은 재앙뿐이네
커가는 번뇌의 큰 가지여
그 괴로움 벗어나는 길
팔관재계 지니는 데 있다네

팔관재계법

팔관재계는 달마다 음력 8일, 14일, 15일, 23일, 29일, 30일인 육재일에 받아 복덕을 닦는다. 육재일은 나쁜 기운이 드세어 사람의 몸을 해치고 마음을 어지럽히는 날이다. 그러므로 부처님께서는 여덟 가지 계와, 한낮이 지나면 음식을 먹지 않는 재법齋法을 행하게 하셔서 모든 중생들로 하여금 복과 덕, 지혜를 길러 세상의 괴로움을 벗어나도록 하셨다.

팔관재계는 반드시 출가한 스님들께 받아야 한다. 그러나 계사가 없을 때는 지극한 마음으로 말하기를, "이 몸이 지극한 마음으로 삼보께 귀의하옵고 팔관재계를 받아 지니겠습니다."라고 하면 계 받는 일이 이루어진다.

팔관재계를 받은 뒤에 어려운 인연을 만나 계를 지키기 힘들게 되면, 계를 못 지키는 죄를 짓기보다는 차라리 계를 버리는 편이 낫다. 그런 뒤에 계를 다시 받아 지녀야 한다. 계를 버리고자 할 때는, 출가한 스님이든 재가불자든 오직 한 사람만 곁에 있으면 되고, 그 사람 앞에서 "나는 지금 팔관재계를 버려 지니지 않고자 합니다."라고 말함으로써 계를 버리게 된다.

팔관재계는 비록 하루 낮 하룻밤 동안만 지키는 계지만, 그 공덕과 이익은 말로 다 헤아릴 수가 없다. 이것은 마치 마니보주가 비록 작고 가볍지만 지니고 있는 공덕과 값은 어떤 보배보다 뛰어난 것과 같다.

팔관재계 수계의식

참회

저희들은 끝없이 나고 죽는 물결 따라 오늘에 이르렀습니다.
몸가짐이 바르지 못해 죽이고 훔치고 음행만 저질러 왔습니다.
말씨가 참되지 못해 빈말하고 속이고 욕하고 이간질만 해 왔습니다.
마음이 밝지 못해 욕심내고 성내고 어리석음만 일으켜 왔습니다.
삿된 생각으로 인과를 믿지 않고
착하지 않은 열 가지 죄업만을 지어 왔습니다.
시방세계 삼보시여,
저희들의 참회를 받아 주소서.

삼귀의

이 몸, 이 말, 이 뜻 다해 부처님께 귀의합니다.
이 몸, 이 말, 이 뜻 다해 가르침에 귀의합니다.
이 몸, 이 말, 이 뜻 다해 스님들께 귀의합니다.

하루 낮 하룻밤 동안 부처님처럼 살겠습니다.
하루 낮 하룻밤 동안 청정한 불자가 되겠습니다.
여래시여, 더 없이 참된 분이시여,
바른 깨달음을 이루신 저의 부처님이시여.

수계

첫째, 죽이지 않는 것으로 목숨을 삼으신 부처님처럼,
저희 불자도 하루 낮 하룻밤 동안 죽이지 않겠습니다.

둘째, 도둑질하지 않는 것으로 풍족함을 삼으신 부처님처럼,
저희 불자도 하루 낮 하룻밤 동안 도둑질하지 않겠습니다.

셋째, 음행하지 않는 것으로 기쁨을 삼으신 부처님처럼,
저희 불자도 하루 낮 하룻밤 동안 음행하지 않겠습니다.

넷째, 거짓말하지 않는 것으로 진실을 삼으신 부처님처럼,
저희 불자도 하루 낮 하룻밤 동안 거짓말하지 않겠습니다.

다섯째, 술 마시지 않는 것으로 지혜를 삼으신 부처님처럼,
저희 불자도 하루 낮 하룻밤 동안 술 마시지 않겠습니다.

여섯째, 향수나 꽃으로 몸을 꾸미지 않는 것으로 아름다움을 삼으신 부처님처럼,
저희 불자도 하루 낮 하룻밤 동안 향수나 꽃으로 몸을 꾸미지 않겠습니다.

일곱째, 춤추고 노래하지 않는 것으로 즐거움을 삼으신 부처님처럼,
저희 불자도 하루 낮 하룻밤 동안 춤추고 노래하지 않겠습니다.

여덟째, 높은 자리에 앉지 않는 것으로 높음을 삼으신 부처님처럼,
저희 불자도 하루 낮 하룻밤 동안 높은 자리에 앉지 않겠습니다.

아홉째, 때 아닌 때에 먹지 않는 것으로 배부름을 삼으신 부처님처럼,
저희 불자도 하루 낮 하룻밤 동안 때 아닌 때에 먹지 않겠습니다.

발원

지극한 마음으로 발원합니다.
저희들은 앞으로 음력 초하루와 보름 및 육재일,
십재일(음력 1일, 8일, 14일, 15일, 18일, 23일, 24일, 28일, 29일, 30일)이나
마음으로 정한 특별한 날에 이 팔관재계를 지키겠습니다.
또 저희들은 앞으로 기쁘거나, 슬픈 날 또는 괴로운 날에
이 팔관재계를 지켜 신구의 삼업을 청정히 하며
나와 이웃들의 삶이 기쁨과 평화로 가득 차게 하겠습니다.
저희들이 이렇듯 삼귀의와 팔관재계를 받아 지니는 것은 맑은 삶과
꺼지지 않는 행복으로 이끌어 주시는 부처님의 가르침을 따르는 것입니다.
바라옵건대, 이 삼귀의계와 팔관재계를 받아 지닌 공덕으로
나와 이웃들이 삼악도와 온갖 괴로움에서 벗어나기를 기원합니다.
세상의 부귀나 하늘나라의 즐거움은 저희들이 바라는 바가 아닙니다.
나와 모든 이웃들이 어서 빨리 번뇌를 여의고 밝은 지혜 얻어서
온전한 깨달음을 이루기를 원합니다.

다시 바라옵나니, 자비로우신 삼보시여,
이와 같이 계를 받은 공덕으로,
나와 모든 중생들이 아미타 부처님의 빛 가운데
함께 태어나기를 발원합니다.

팔관재계

첫째, 죽이지 않는 것으로 목숨을 삼으신 부처님처럼,

　　모든 생명을 죽이지 말고 자비심으로 살피십시오.

　　이것이 불자들이 즐겨 따라야 할 자비로운 삶의 길입니다.

둘째, 도둑질하지 않는 것으로 풍족함을 삼으신 부처님처럼,

　　남의 재물을 훔치지 말고, 돕고 베푸는 일을 쉬지 말아야 합니다.

　　이것이 불자들이 즐겨 따라야 할 넉넉한 삶의 길입니다.

셋째, 음행하지 않는 것으로 기쁨을 삼으신 부처님처럼,

　　모든 음행을 삼가고 청정한 행을 닦으십시오.

　　이것이 불자들이 즐겨 따라야 할 청정한 삶의 길입니다.

넷째, 거짓말하지 않는 것으로 진실을 삼으신 부처님처럼,

　　어떠한 거짓말도 하지 말고 참되고 따뜻한 말을 하십시오.

　　이것이 불자들이 즐겨 따라야 할 진실한 삶의 길입니다.

다섯째, 술 마시지 않는 것으로 지혜를 삼으신 부처님처럼,

　　정신을 흐리게 하는 술이나 모든 약물을 멀리 하십시오.

　　이것이 불자들이 즐겨 따라야 할 밝은 삶의 길입니다.

여섯째, 몸을 꾸미지 않는 것으로 아름다움을 삼으신 부처님처럼,

　　꾸미지 않고 갖지 않는 삶 속에서 자신의 참모습을 돌아보십시오.

　　이것이 불자들이 즐겨 따라야 할 편안한 삶의 길입니다.

일곱째, 춤추고 노래하지 않는 것으로 즐거움을 삼으신 부처님처럼,

　　번뇌를 쉬어 고요하고 흔들림 없는 참마음을 지녀야 합니다.

　　이것이 불자들이 즐겨 따라야 할 고요한 삶의 길입니다.

여덟째, 높은 자리에 앉지 않는 것으로 높음을 삼으신 부처님처럼,

　　　언제 어디서나 스스로를 비워 거만하지 않고 겸손하게 사십시오.

　　　이것이 불자들이 즐겨 따라야 할 비우는 삶의 길입니다.

아홉째, 때 아닌 때에 음식을 먹지 않음으로 진리의 맛을 삼으신 부처님처럼,

　　　오후불식으로 배고픔도 잊게 하는 진리의 맛을 보십시오.

　　　이것이 불자들이 즐겨 따라야 할 단이슬 같은 삶의 길입니다.

계는 열반의 땅에 들어가는 문과 같으니, 때에 따라 지니고 버릴 줄 알아야 합니다. 부처님께서 말씀하신 이 팔관재계는 말이나 글로 배울 수 있는 알음알이가 아니라, 스스로 받들어서 잘 지켜나가야 할 해탈의 길입니다. 나와 모든 중생들이 아미타 부처님의 빛 가운데 태어나기를 발원합니다.

　　　　　　　　　　불기　　　　　년　　월　　일

　　　　　　　　　수계제자

찾아보기

가

가루라　20

건달바　20

관자재보살　21

광목천왕　70

광승光勝　27

구수俱壽　152

구지俱胝　114

구탈救脫　143

구탈보살　147

금색보광 묘행성취 약사여래 다라니　69

금색보광 묘행성취 여래　59

기악伎樂　32

기어綺語　94

긴나라　20

나 · 다

나망羅網　110

다라니　49, 182

다문천왕多聞天王　70

당번幢幡　132

대력신주　169

대승大乘　40, 50

대혜보살　21

독각　38, 39, 101

등정각等正覺　27

마

마魔　104

마후라가　20

만수실리曼殊室利　22

망어妄語　94

명행원만明行圓滿　26, 27

명행족明行足　26

명혜보살　21

묘보妙寶　41

묘수妙首　22

무간지옥　32, 33

무상사無上士　26

무상장부無上丈夫　26, 27

무우無憂　75

무우최승 길상 여래　75

미묘음보살　21

바

바가범薄伽梵　18

범천　70, 71, 177

법당法幢　83

법해 뇌음 여래　83

법해승혜유희신통 여래　93

변봉보살　21

보월지엄 광음자재왕 여래　41

보처보살補處菩薩　38, 39, 141

불공초월보살　21

불세존佛世尊　26

사

사각분捨覺分　48

사견邪見　94

사념처관四念處觀　49

사념처四念處　48

사대천왕　70, 177

사미　62, 63

사미니　62, 63

사신정四神定　48, 49

사음邪淫　94

사중四衆　62

산봉보살　21

삼십이상　98, 99

삼십칠조도품三十七助道品　49

삼악도　32

상기이락常起利樂　132

상사유보살　21

색가索訶　164

석범천　70

선명칭 길상왕 여래如來　27

선서善逝　26, 27

선주보해善住寶海　93

선현보살　21

성문　38, 39, 101

성문승聲聞乘　38, 50

세간해世間解　26, 27

세존　24

소승小乘　40, 50

소유원구개득원만경　193

승乘　50

식신識神　142

식차마니　62, 63

신근信根　48

신력信力　48

신수심법身受心法　48

신식神識　142

십계　136, 137

십불선업十不善業　94

십선十善　94

십악十惡　94

십이대장발원호지경　193

아

아난　139

아수라　20

악구惡口　94

악도　33

악취惡趣　32

야차　20

야차대장　70

약사유리광 여래　99

약사유리광 여래 다라니　123, 125

양설兩舌　94

여래십호　26

여래如來　26

여래정력유리광如來定力瑠璃光　171

연각　40

연각승緣覺乘　38, 50

염각분念覺分　48

염근念根　48

염력念力　48

영가　142

오계　136, 137

오근五根　48, 49

오력五力　48, 49

오무간죄　176

오백계　136, 137

오역죄五逆罪　32, 159

오중五衆　62

우바새　62, 63

우바이　62, 63

원만향적圓滿香積　59

월광변조보살　110, 111

육계　136

윤왕輪王　120

응공應供　26, 27

이백오십계　136, 137

이승二乘　50, 51

이십사계　137

일광변조보살　110, 111

일체개고一切皆苦　48

자

자씨보살　21

전륜성왕　120, 121

정각분定覺分　48

정견正見　48

정근定根　48

정념正念 183

정등각正等覺 26

정력定力 48

정변지正遍知 26

정사正思 48

정유리淨瑠璃 99

정정正定 183

정제일체업장경 193

정진각분精進覺分 48

정진근精進根 48

제각분除覺分 48

제법무아諸法無我 48

제석천 70, 71, 177

제행무상諸行無常 48

조어사調御士 26, 27

조어장부調御丈夫 26

주력 182

중음신 142

증장천왕 70

지국천왕 70

지묘고봉보살 21

진력進力 48

진에瞋恚 94

집금강보살 21, 177

집금강보살 다라니 187

집금강보살발원요기경 193

집금강보살 석범사천왕의 다라니 181

차 · 타

찰제리 122, 123, 151

천룡팔부 20

천인사天人師 26, 27

총지總持 48, 182, 183

칠각지七覺支 48, 49

칠불여래부처님다라니 173

칠중七衆 62

택법각분擇法覺分 48

파 · 하

파리頗梨 82

팔관재계八關齋戒 54, 136, 174, 197

팔십수형호八十隨形好 98

팔십종호 98, 99

팔정도八正道 48, 49

함식含識 174

혜근慧根 48

혜력慧力 48

횡사 155

희각분喜覺分 48

원순 스님

해인사 백련암에서 성철 스님을 은사로 모시고 출가하여
해인사·송광사·봉암사 등 제방선원에서 정진하였다.
『명추회요』를 번역한『마음을 바로 봅시다』『한글원각경』『육조단경』『선요』
『선가귀감』을 강설한『선수행의 길잡이』등 다수의 불서를 펴냈으며
난해한 원효 스님의『대승기신론 소·별기』를『큰 믿음을 일으키는 글』로 풀이하였다.
현재 송광사 인월암에서 안거 중.

약사유리광 칠불본원 공덕경

초판 발행 | 2012년 7월 4일
개정판 발행 | 2022년 9월 10일
펴낸이 | 열린마음
역해 | 원순

펴낸곳 | 도서출판 법공양
등록 | 1999년 2월 2일·제1-a2441
주소 | 13150 서울시 종로구 삼봉로 81
두산위브파빌리온 836
전화 | 02-734-9428
팩스 | 02-6008-7024
이메일 | dharmabooks@chol.com

ⓒ 원순, 2022
ISBN 978-89-89602-57-6

값 12,000원